Dirección editorial: Didac Aparicio y Eduard Sancho

Diseño y maquetación: Endoradisseny
Ilustración de la cubierta: Montse Griera

Primera edición: Octubre de 2020
© 2020, Contraediciones, S.L.
c/ Elisenda de Pinós, 22
08034 Barcelona
contra@contraediciones.com
www.editorialcontra.com

© 2020, Victor Hasbani

ISBN: 978-84-18282-31-7
Depósito Legal: B 18161-2020
Impreso en España por Liberdúplex

MOMENTOS ESTELARES DE LA NFL

VICTOR HASBANI

CONTRA

POSICIONES HABITUALES EN EL FÚTBOL AMERICANO

DEFENSA

Free
safety

Outside
linebacker

Cornerback

Defensive
end

Defens
tackl

Wide
receiver

Offensive
tackle

Offens
guar

ATAQUE

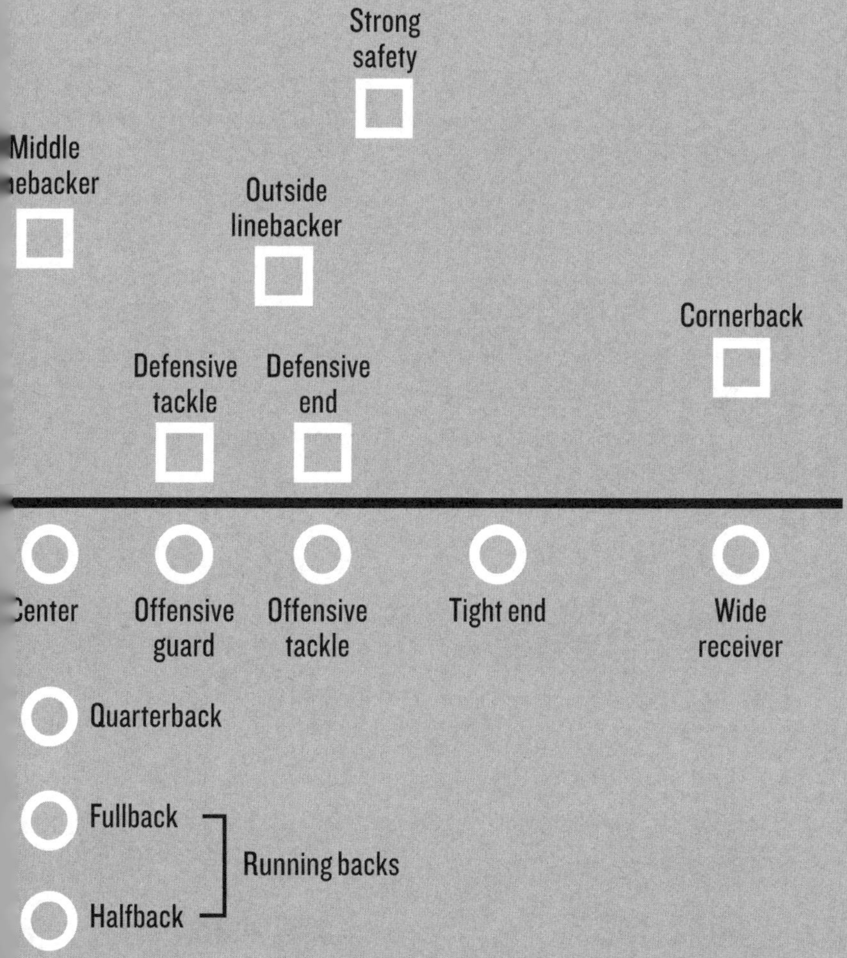

Strong
safety
□

Middle
linebacker
□

Outside
linebacker
□

Cornerback
□

Defensive
tackle
□

Defensive
end
□

○ ○ ○ ○ ○

Center

Offensive
guard

Offensive
tackle

Tight end

Wide
receiver

○ Quarterback

○ Fullback ⌐
        ├ Running backs
○ Halfback ⌐

PARTES DEL CAMPO

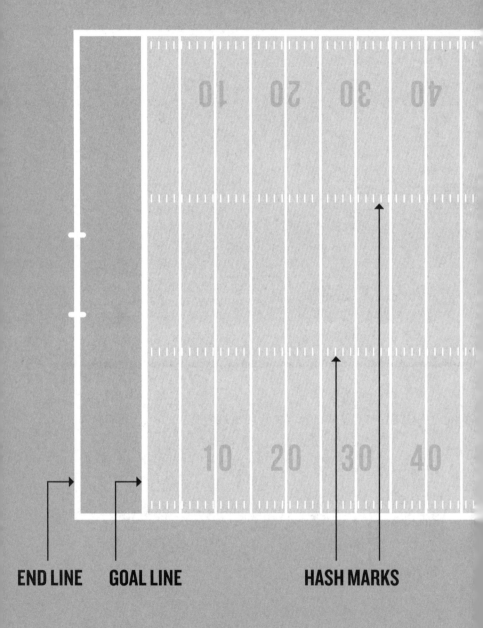

END LINE   GOAL LINE   HASH MARKS

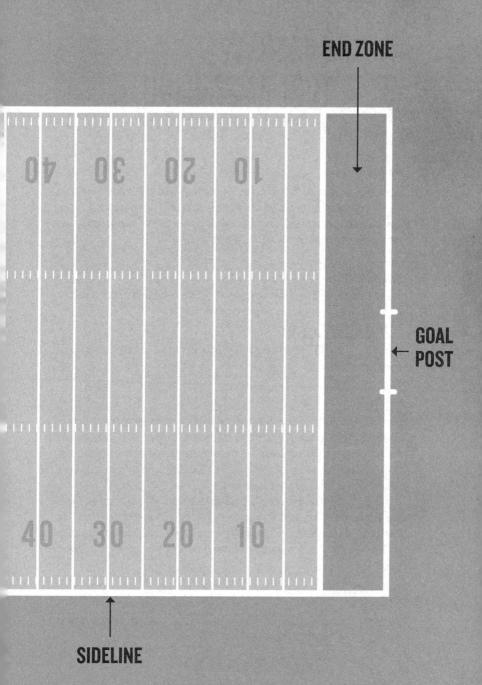

END ZONE

GOAL POST

SIDELINE

REGLAS BÁSICAS
DEL FÚTBOL AMERICANO

TIEMPO

El partido se divide en cuatro cuartos. Cada uno dura 15 minutos. El reloj se detiene cuando el balón sale del campo, cuando se produce un cambio de posesión, cuando se realiza una anotación, si un equipo pide un tiempo libre, si un pase acaba incompleto o si los árbitros marcan una falta.

JUGADORES

Cada equipo tiene 45 jugadores, pero solo 11 pueden estar en la cancha a la vez.

TERRENO DE JUEGO

Tiene 120 yardas: 100 son el campo de juego y 10 yardas están en cada zona de anotación (end zone).

DOWNS

El equipo que ataca tiene cuatro oportunidades (downs) para avanzar por lo menos 10 yardas (unos 9 metros). Si lo consiguen, logran un primer down, es decir, vuelven a disponer de otros cuatro intentos para avanzar 10 yardas más. Si no lo consiguen, deben entregar la pelota al equipo contrario con un despeje (o en algunos casos, con una patada corta).

«Segundo y siete», por ejemplo, significa que el equipo que ataca está en el segundo intento y le quedan 7 yardas para avanzar y conseguir el primer down. En televisión aparece una línea amarilla virtual para indicar a los telespectadores hasta dónde tiene que avanzar el equipo que ataca para conseguir el primer down.

PUNTOS

Hay tres maneras de anotar en el fútbol americano: con un touchdown, con un gol de campo y con un safety.

El touchdown se da cuando el balón llega a la end zone rival, ya sea con un jugador corriendo o con un pase largo atajado en esa zona del campo. Esta jugada concede seis puntos. Después de un touchdown el equipo tiene dos opciones: puede tratar de marcar un punto extra pateando el balón entre los postes o intentar marcar dos puntos más con una conversión (el balón se coloca a solo dos yardas de la zona de anotación y el equipo que ataca debe conseguir desde allí un nuevo touchdown).

El gol de campo se da cuando un equipo considera que no podrá anotar touchdown y está a una distancia razonable de la end zone. En este caso, el pateador intenta chutar el balón entre los postes. Si lo consigue, su equipo recibe tres puntos.

El safety se da cuando un jugador de ataque es placado en su propia zona de anotación o cuando el equipo atacante pierde la pelota en la end zone y esta acaba saliendo por un lado o por el fondo de esta zona. Esta jugada otorga dos puntos.

INTERCEPCIÓN Y BALÓN SUELTO

El equipo que tiene la posesión del balón puede perderla cuando ocurren dos jugadas: una intercepción o un balón suelto.

La intercepción ocurre cuando el quarterback lanza un pase por arriba y la defensa rival consigue hacerse con el balón antes de que llegue a su destinatario. En este caso, los rivales intentan correr en sentido contrario para acercarse a la end zone rival.

El balón suelto se da cuando un jugador en posesión del balón lo pierde, por descuido o por tackle del rival. En esta situación, los jugadores de ambos equipos se lanzan a una lucha desenfrenada para hacerse con el preciado ovoide.

FALTAS

Las faltas más habituales son el holding (sujetar) y la interferencia en el pase. Estas, en función de que se piten en ataque o en defensa, suponen avanzar o retroceder yardas. Algunas veces la penalización supone un primer down automático para el equipo rival, es decir, el avance hasta la línea que había que alcanzar en un máximo de cuatro intentos.

Los árbitros señalan las faltas lanzando un pañuelo amarillo sobre el césped. A continuación el árbitro jefe —identificable porque utiliza una gorra blanca— comunica las decisiones arbitrales a través de un micrófono para que nadie (ni en casa ni en el estadio) tenga dudas de lo que han pitado.

ÍNDICE

Para Joice y Milo

PRÓLOGO
(CON UN POCO DE HISTORIA)

Siempre he creído que los estadounidenses se enamoraron del fútbol porque contiene un pilar de la historia norteamericana: la conquista del territorio. El fútbol no es sino la escenificación de una batalla en la que dos contrincantes atacan y defienden según un plan trazado con el objetivo de llegar a la tierra prometida. En ese conflicto cabe la violencia, un ingrediente que siempre ha fascinado a los americanos. El fútbol condensa una gran parte de la esencia americana.

La historia arranca en las cercanías de Canton, Ohio —ciudad que alberga hoy la monumental arca de la gloria en homenaje a todos los que han contribuido a la leyenda de este deporte[1]— en las últimas décadas del siglo XIX, cuando en Inglaterra se empezaban a desarrollar los juegos que acabarían convirtiéndose en los modernos fút-

---

1. Erigida en 1963, se trata de un lugar de peregrinaje de todo buen aficionado.

bol y rugby, y que en los Estados Unidos tomaron una ruta diferente pese a tener una raíz común. En 1876 un grupo de universitarios redactó las primeras reglas y, tres años más tarde, Walter Camp, considerado el padre del fútbol americano, las perfeccionó[2]. El fútbol americano tal y como lo entendemos hoy en día daba sus primeros pasos.

El fútbol profesional empezó en 1920, cuando catorce equipos crearon la American Professional Football Association[3] (empezó a llamarse National Football League a partir de 1922). En esa lejana primera temporada todos los equipos procedían de los estados que hay alrededor de los cinco grandes lagos. Solo dos de ellos todavía existen: los Chicago Cardinals, hoy Arizona Cardinals, y los Decatur Staleys, hoy Chicago Bears. La primera edición la ganaron los Akron Pros. Al año siguiente llegaron los Packers de Green Bay, que se enfrentaron a los Staleys, ya trasladados a Chicago, en el primer acto de una rivalidad hoy legendaria.

El primer gran equipo de la historia fueron los Canton Bulldogs, que acabaron dos temporadas seguidas invictos, en 1922 y 1923. Al año siguiente el dueño de los Cleveland

---

2. El reglamento de Camp siguió vigente hasta su muerte en 1925.

3. Como primer presidente fue elegido Jim Thorpe, uno de los grandes nombres del deporte americano. Thorpe fue el primer nativo americano en ganar una medalla de oro olímpica para los Estados Unidos. Lo consiguió en las modalidades de decatlón y pentatlón en los Juegos Olímpicos de Estocolmo de 1912. Al año siguiente fichó por los New York Giants de béisbol, con los que disputó seis temporadas en la MLB, de 1913 a 1919. En 1915, cuando en verano defendía los colores de los Giants, empezó a jugar a fútbol con los Canton Bulldogs, con los que ganó tres campeonatos nacionales. Una vez creada la NFL, Thorpe jugó con seis diferentes conjuntos y en sus ratos libres jugó con un equipo profesional de baloncesto compuesto exclusivamente por nativos americanos. En 1950 la Associated Press le nombró el mejor deportista de la primera mitad del siglo XX. Argumentos no les faltaban.

Indians, equipo que acababa de desaparecer, decidió comprar la franquicia de los Bulldogs y la trasladó a Cleveland. En 1924 los Cleveland Bulldogs ganaron su tercer título seguido ya con el nuevo apelativo. El respaldo de la afición no tardó en llegar. Los Chicago Bears, entrenados por el legendario George Halas, uno de los padres fundadores de la NFL, ficharon en 1925 a la estrella universitaria Harold «Red» Grange, y a final de temporada organizaron una gira a lo largo y ancho del país. En el Coliseo de Los Angeles, siete años antes de que este albergara los Juegos Olímpicos, más de 65.000 aficionados acudieron a ver a Grange y los Bears. El fútbol triunfaba también en el Oeste.

Aquellos locos años 20 del siglo pasado registraron el rápido nacimiento de franquicias y el fugaz cierre de otras. En 1928 solo diez equipos disputaron la liga. Al año siguiente, en una tarde de otoño bajo las farolas del Kinsley Park de Providence, Rhode Island, se disputó el primer duelo nocturno. Aquel día se decidió pintar el balón de blanco para que los protagonistas pudiesen verlo más claramente. Hablamos de una época en que los jugadores todavía no utilizaban cascos de plástico, sino unas protecciones de piel similares a las que hoy en día emplean algunos jugadores de rugby. No fue hasta 1943 que la NFL obligó a los jugadores a utilizar casco. El primer equipo en utilizar cascos de plástico con su propio logo fueron los Rams en 1948[4].

---

4. Según parece, fue idea de Fred Gehrke, bisabuelo de la hoy estrella de los Milwaukee Brewers de béisbol Christian Yelich.

Los Packers fueron, tras los Canton Bulldogs, el segundo gran combinado de la historia. Los de Green Bay, entrenados por Curly Lambeau, uno de los dos fundadores del legendario equipo del estado de Wisconsin, lograron el campeonato en 1929, 1930 y 1931. El reinado acabó en 1932 cuando por primera vez hubo un empate a final de temporada entre los Chicago Bears y los Portsmouth Spartans y se tomó la decisión de instaurar un partido de desempate. Debido al mal tiempo, se armó dentro del Chicago Stadium una cancha de 80 yardas (60 de emparrillado más 10 yardas en las dos áreas de touchdown). Una expectante multitud asistió al triunfo de los Bears sobre los Spartans, que pronto se convertirían en los Detroit Lions[5].

Es imposible relatar estos primeros años de NFL sin hablar de la historia del país. También la más cruda. La segregación racial dejó huella también en el fútbol americano. Si bien en la primera década de competición algunas plantillas contaron con jugadores blancos y negros, debido a un acuerdo no escrito entre los dueños de las franquicias, a partir de 1933 la NFL decidió prohibir el concurso de jugadores de raza negra, que solo fueron readmitidos después de la Segunda Guerra Mundial[6].

---

5. A mediados de los años 30 consiguieron su primer título de la NFL y ganaron otros tres antes de la era de la Super Bowl. Los Lions tienen hoy en día el «honor» de ser el equipo más antiguo sin haber participado nunca en una Super Bowl.
6. Durante esos angustiosos años, las plantillas quedaron mermadas, ya que más de 600 jugadores participaron en el conflicto y 21 de ellos encontraron la muerte en la contienda. Sin embargo, nunca se suspendió el campeonato. En 1944 los Chicago Cardinals y los Pittsburgh Steelers contaban con tan pocos efectivos que decidieron unificar sus plantillas. El equipo, llamado «Card-Pitt», no logró ni una victoria y se disolvió al acabar el curso.

Mientras en Europa ya habían empezado los horrores de la guerra, en otoño de 1939 fue retransmitido el primer partido por televisión. La NBC se encargó de emitir un Brooklyn Dodgers[7]-Philadelphia Eagles para la región de Nueva York. Se calcula que unos 500 aparatos recibieron la histórica señal del encuentro, que fue proyectado también en un pabellón de la Feria Mundial de Nueva York. No fue hasta 1951 cuando todo el país pudo disfrutar de una final de Campeonato. En aquella ocasión, los Rams de Los Angeles derrotaron a los Cleveland Browns[8] 24 a 17 en un Memorial Coliseum abarrotado[9].

En 1960 nació la American Football League, con ocho equipos. Fue en un principio una especie de hermana menor de la NFL hasta que las dos ligas se fusionaron en 1970. A partir de ese año, la NFL incorporó los combinados de la AFL y se crearon dos conferencias, la Americana y la Nacional, con un total de 26 franquicias. Actualmente cada conferencia tiene 16 equipos organizados en cuatro divisiones de cuatro conjuntos. Se clasifican para playoffs los cuatro ganadores de división más dos wild card. Los dos ganadores de división con mejor récord pasan directa-

---

7. En esa época era habitual que los equipos adoptasen el nombre de franquicias de béisbol.

8. Cinco años antes, en 1946, los Cleveland Rams, vigentes campeones, se habían mudado a Los Angeles. Para celebrarlo ficharon a dos estrellas de UCLA, Kenny Washington y Woody Strocle, que se convirtieron en los dos primeros jugadores de raza negra de la NFL moderna. Pero no fue hasta 1962 cuando se puso punto y final a la segregación. Sucedió cuando el receptor de los Cleveland Browns Bobby Mitchell fichó por los Washington Redskins, la única entidad que se había resistido a fichar a jugadores negros.

9. Los Rams no han vuelto a ganar un título con la franquicia instalada en Los Angeles. Sí consiguieron un campeonato en su último año en Cleveland y una Super Bowl ya en Saint Louis.

mente a segunda ronda, donde reciben en casa a los ganadores de los encuentros entre los wild card y los ganadores
de división con peor récord (estos últimos anfitriones en
dicho encuentro). Los dos supervivientes disputan las finales de Conferencia, que siempre se juegan en el estadio del
equipo con mejor balance de victorias y derrotas. Finalmente, los dos ganadores de las finales de Conferencia disputan la Super Bowl, el mayor espectáculo deportivo del
mundo, en terreno neutral[10].

Los relativamente pocos encuentros que se disputan
cada temporada hace que casi todos los recintos estén lle-
nos a rebosar y que el ritual de los días de partido adopte
un aire casi místico. Asistir a un partido de la NFL es como
presenciar un culto pagano. Uno percibe la sensación de
que toda la ciudad, o a veces todo el estado, peregrina
hacia el estadio. Los aficionados suelen llegar horas antes
del arranque de la contienda. En los aparcamientos, los
fans abren el maletero y lo utilizan para colocar las bebidas
y la carne que asarán al lado del vehículo. Las llamadas
«tailgate parties» forman parte de la liturgia del fútbol.

Si bien el béisbol está considerado el pasatiempo favorito de los estadounidenses y la NBA vive años gloriosos, el
fútbol americano es indiscutiblemente el deporte rey en la
tierra del Tío Sam. La historia de la NFL, rica en anécdo-
tas, dinastías, personajes carismáticos, remontadas impro-
bables y recepciones cruciales, es una fuente inagotable de
historias inolvidables. En esta obra rememoramos catorce

---

10. Durante muchos años la Super Bowl se disputaba el último domingo de enero.
Tras la masacre del 11-S, la NFL decidió aplazar una semana el arranque de la temporada y desde entonces el gran baile se dirime el primer domingo de febrero.

de los mejores momentos de la liga americana de fútbol.
Agárrense. El show está a punto de empezar.

VICTOR HASBANI
Barcelona, 11 de octubre de 2020

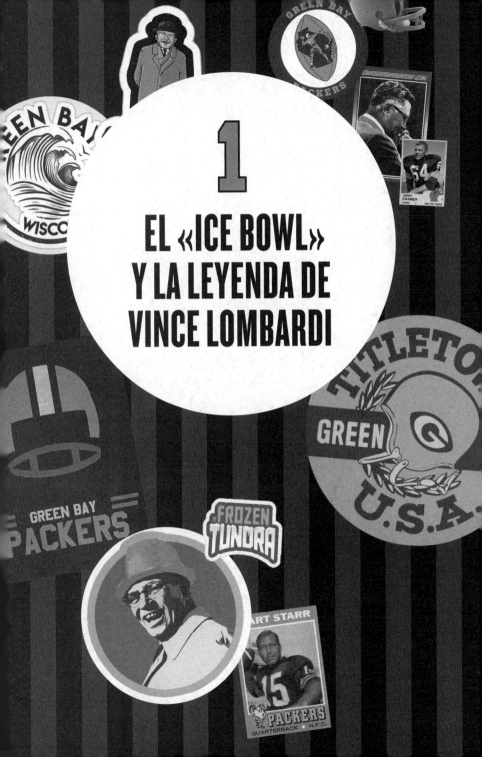

1

EL «ICE BOWL» Y LA LEYENDA DE VINCE LOMBARDI

Es el último día de 1967, domingo, 7 de la mañana. La llamada-despertador restalla como un rayo agrio y metálico en cada una de las estancias que ocupa el grupo de hombres más corpulentos que jamás haya albergado este motel con forma de herradura en Appleton[11], Wisconsin, a unos 50 kilómetros al suroeste del Lambeau Field de Green Bay. Según lo acordado, la recepcionista contacta en servicio despertador con las habitaciones de los Dallas Cowboys, aquí concentrados para el partido de Campeonato de la NFL de 1967 que les enfrentará a los Packers de Vince Lombardi. El encuentro no solo reedita la épica final del año anterior, sino que podría entronar a los de Green

---

11. En ocasiones descrita como la ciudad más alcohólica de América por el gran número de bares, desde finales de los ochenta Appleton mantiene el honor de ser la ciudad preferida como lugar de alojamiento por los rivales de Green Bay que, a diferencia de lo que hacen en otras localidades, eligen alojamientos sencillos antes de enfrentarse a los Packers. No está muy clara la razón de esta tradición, pero podría especularse que en su seno subyace una especie de tributo espiritual a la dureza que supuso el «Ice Bowl».

Bay como la primera franquicia en la historia de la NFL[12] capaz de ganar tres campeonatos seguidos. Dallas, por su parte, busca resarcir su honor con una suculenta victoria en campo contrario, simétrica a la infligida sobre ellos en su estadio, el mítico Cotton Bowl, en 1966.

Como complemento informativo al servicio despertador, la recepcionista aporta a los texanos el dato meteorológico del momento: ¡estamos a 26 grados bajo cero! La entrada de un terrible frente ártico y su ventisca en tránsito a través del estado desde la medianoche ha hecho descender la temperatura ambiental en unos 20 grados, siendo este el primero de los siete días consecutivos de temperaturas gélidas que acabará consolidándose como una de las peores olas de frío registradas en la región. El parte meteorológico advierte: las rachas de viento promedian unos 24 kilómetros hora, generando una sensación térmica cercana a los 40 grados bajo cero. Es un infierno de hielo y la razón que tiene a la mayoría de los Cowboys apostados a sus ventanas mirando al exterior y mirándose entre sí de ventana a ventana. El linebacker de Dallas Lee Roy Jordan recordará más tarde: «Fui directo a la ventana porque quería ver cómo pintaba eso de estar a 26 grados bajo cero». Pintaba horriblemente gélido. Pintaba a riesgo.

La hora oficial para el arranque del partido es la 1 del mediodía. Al mismo infierno glacial que los Cowboys despiertan los locales, los Green Bay Packers. Saliendo desde sus propias residencias, muchos tienen que buscar alternativas de transporte al resultarles imposible arrancar

---

12. Antes de la era de los playoffs, los Packers ya habían ganado 3 títulos consecutivos (en 1929, 1930 y 1931) sin disputar postemporadas, todavía no previstas en las normas.

sus vehículos privados. Se cuenta que el linebacker David
Robinson tuvo que parar a un motorista y pedirle que le
acercara al estadio. Por suerte, todos llegan a tiempo.
Las gradas del Lambeau Field están abarrotadas: 50.861
espectadores equipados para una expedición al círculo
polar ártico, dispuestos a disfrutar de un gran encuentro
de fútbol americano. Es célebre más allá de las fronteras
de la NFL la entrega absoluta de los seguidores de los Packers, sus gorras en forma de queso, las calles vacías en día
de partido. Hoy no falta nada de eso, a pesar de la temperatura. La multitud vitorea a sus ídolos y muchos buscan
calentarse con una botella de whisky. Ante el frío atroz,
los árbitros han tenido que comprar equipaciones profesionales para protegerse mejor. Establecen las crónicas y
estudios posteriores que la sensación térmica a la hora del
encuentro era de 44 grados bajo cero.

Por la banda del Lambeau Field, un hombre robusto,
que luce unas gafas de montura redonda correctoras de
su fuerte miopía, avanza con paso firme, las manos escon-
didas en los bolsillos de su inseparable gabardina, hacia
los banquillos. Ostenta una actitud tranquila y esboza en
su rostro cuadrado una amplia sonrisa. Es Vince Lombardi, en busca de su muesca en la inmortalidad. Tras
él, desfila su grupo de hombres, los Green Bay Packers,
conformando una espesa nube de vapor exhalado en este
ambiente glacial.

Nacido en Brooklyn en 1913 en el seno de una familia
proveniente del sur de Italia, Vincent Thomas Lombardi
creció amparado por una arraigada tradición católica que
forjaría su carácter e incidiría en su ángulo deportivo posterior. En 1932 empezó a cimentar su experiencia en las

posiciones de fullback y linebacker en el instituto Saint
Francis, dos roles que le permitieron conocer tanto el arte
del ataque como el de la defensa. En su única temporada
en Saint Francis, Lombardi y sus compañeros ganaron
cinco de los seis encuentros disputados, aunque la verdadera lección la aprendió en aquella única derrota contra
Erasmus Hall: conoció el orgullo de perder contra mejores jugadores. Su desempeño en la cancha le valió una
beca de la Universidad de Fordham, donde formaría parte
de la «Seven Block of Granite», la formidable línea ofensiva que hizo célebre al ateneo neoyorquino en toda la
nación. Lombardi, sin embargo, nunca jugaría en la NFL.

Empezó temprano a ejercer como entrenador: en
Saint Cecilia (1939-1946) primero y en Fordham después.
En 1948 fue contratado por el legendario Earl Blaik, «el
Coronel Rojo», entrenador jefe de West Point. Bajo su ala
castrense, Lombardi aprendió el significado de la verdadera disciplina militar. Esta experiencia tendría una clara
influencia en su credo: no es necesario inventar cosas nuevas, sino ejecutar las existentes de manera impecable. En
1954, tras cinco temporadas en West Point y con 41 años
de edad, Vince Lombardi fue contratado por los New
York Giants de la NFL como coordinador ofensivo. Como
miembro de los Giants (1954-58), Lombardi contribuyó a
una época dorada del equipo y quiere el destino que quien
fuese compañero de éxitos durante parte de aquel periodo,
Tom Landry, entonces coordinador defensivo, sea este
gélido 31 de diciembre de 1967 el entrenador jefe rival.

Lombardi levanta la vista hacia el terrible cielo ártico,
más allá del estadio, más allá del aire, más allá del pasado.
Los que conocen las zonas septentrionales saben que el

frío extremo no permite la nieve, que a menudo llega con
cielos soleados. Lombardi suspira. Las gradas del Lambeau Field se alzan nítidas como un coliseo fuera del
tiempo. De todos los aficionados congregados este mediodía hoy aquí, hay uno que nunca volverá a casa. Morirá de
hipotermia durante el encuentro.

En una situación poco frecuente en el panorama deportivo estadounidense, Lombardi había debutado en la temporada de 1959 como entrenador jefe de los Packers al
mando de una plantilla potente y equilibrada que, contra-
riamente a las expectativas, se encontraba en caída libre
y rozando la disolución. Aplicando la quintaesencia de su
credo, el nuevo entrenador instauró una metodología casi
marcial en los entrenamientos y redujo el libro de jugadas
drásticamente en busca de la ejecución perfecta. En aquella primera temporada de 1959 se encomendó a las carreras de Hornung y Taylor, que impulsaron a los de verde
y oro a conseguir siete triunfos de doce. En el siguiente
curso, los de Green Bay deslumbraron al llegar a la final
de la NFL. Se batieron contra los Eagles de Philadelphia
en una justa memorable que, tras acabar con una dura
derrota de los de Lombardi, permitió dejar escrita en el
mármol de la posteridad una de sus más célebres frases:
«Conmigo como entrenador nunca volveréis a perder un
partido de Campeonato». Y así había sido desde entonces.
Los Packers destrozaron a los Giants 37-0 en la final de la
NFL de 1961[13], para batirlos de nuevo por un ajustado 16-7

---

13. Este partido se jugó en el mítico Yankee Stadium, ubicado en el barrio del Bronx.
Fue el recinto de los Gigantes antes de la contrucción del Giants Stadium en East
Rutherford, Nueva Jersey.

en 1962. Tras un pequeño hiato (1963 y 1964) sin llegar a la final, los de Green Bay habían desmantelado a los Cleveland Browns en 1965 con un tanteo de 23-12, y venían de tumbar a los Dallas Cowboys 34-27 en la final de 1966. Como broche a la temporada anterior, los de Green Bay se habían impuesto 35-10 a los Kansas Chiefs, campeones de la American Football League, la otra liga vigente en ese momento, en el Coliseum de Los Angeles, en la que había sido la primera edición de la Super Bowl.

En este último mediodía de 1967 las condiciones son propias de un relato épico. El sistema de calefacción inferior del tapete ha fallado durante la noche y al retirar las lonas protectoras, el terreno ha aparecido desconsoladamente húmedo. A causa de la climatología extrema, el campo empieza a helarse. Y progresivamente se irá endureciendo y congelando más y más a medida que la sombra de las gradas, dado el tránsito solar, va alargándose sobre él.

El pitido de inicio de este encuentro que pronto será bautizado como «Ice Bowl» es el único que se dará en toda la tarde. Al llevarse el árbitro, Norm Schachter, el silbato a la boca, este queda congelado contra la piel de sus labios, desgarrándola por completo al retirarlo. Tan intenso es el frío que la piel no puede cicatrizar y la sangre se hiela sobre los labios como un brutal apósito natural. El equipo arbitral utilizará únicamente indicaciones vocales para dirigir la contienda.

Arranca el partido. La puesta en escena es idéntica a la del año anterior: el primer touchdown llega muy temprano. Los locales mueven impecablemente el balón, cubriendo 82 yardas a lo largo de 16 jugadas culminadas con un pase corto de Bart Starr, quarterback de Green Bay, a Dowler. En el segundo cuarto, de nuevo el toque mágico de Starr manda un preciso pase a Dowler, que atrapa muy cerca de la línea de touchdown y, sin más defensores en su camino, pone el 14-0. El Lambeau Field estalla. Tom Landry y los Cowboys están aturdidos ante la avalancha de juego de los de Lombardi, pero hará falta algo más para noquear a los de la Estrella Solitaria.

Como en toda buena narración épica, en pocos minutos se producirá un giro dramático. Bart Starr se perfila para un pase, pero los Cowboys están cubriendo muy bien todas las opciones así que el quarterback verde y oro tiene que esperar. El tackle de Dallas, Willie Townes, tiene su atención fija sobre Starr y la mirada puesta sobre el ovoide. De súbito se lanza contra él y se produce una colisión de gran impacto que arrolla al quarterback local mientras la ágil mano de Townes toca la pelota y el preciado ovoide cae al hielo. George Andrie, que acompañaba a Townes en la caza, recoge el balón y lo lleva hasta la cercana end zone para el primer touchdown de Dallas.

Este primer cambio de rumbo del partido cogerá desprevenido al verde y oro Willie Wood que, sin ninguna presión del rival, deja escapar la pelota. Esta, tras danzar enloquecida en el hielo, será atrapada por las rápidas manos del vaquero Phil Clark. Los visitantes aprovecharán el regalo para colocar el 14-10 tras un field goal. Con este marcador se llega al descanso.

La banda de la Universidad Estatal de Wisconsin debía tocar en el entretiempo, pero nadie aparece por ahí, no hay fanfarrias ni espectáculo. Los instrumentos de madera se han congelado (literalmente) y no es posible producir sonido a través de ellos. Los metales, trompetas, tubas, son inviables dado que los músicos, de forma similar a los árbitros, se dejan literalmente la piel de los labios al acercarlos a las boquillas. Por si esto fuera poco, un buen número de miembros de la banda debe ser llevado de urgencia a hospitales de la zona aquejados de hipotermia severa.

En la reanudación, los Vaqueros empiezan a jugar con más soltura, pero la defensa de los Packers contiene cada intento del quarterback Don Meredith. El partido es duro y reñido, una carga constante contra un muro infranqueable. El marcador se mantiene intacto en el tercer cuarto, pero en el arranque del último periodo, los incondicionales locales vislumbrarán el infierno abrirse ante sí. Los Cowboys han asumido que la única manera de hacer daño a la defensa de los Packers es ingeniar una jugada especial, un despiste, un engaño: una trick play. Así que Don Meredith recibe la pelota y se la deja al halfback Dan Reeves. Generalmente, la función de Reeves es bloquear o en todo caso correr, pero en esta ocasión Reeves percibe ante sí una oportunidad. Su compañero Rentzel se encuentra solo, totalmente libre de marca. Jamás los Packers podrían haber anticipado semejante movimiento. Reeves conecta un pase perfecto hacia su compañero. 50 yardas de pura poesía que agigantan la leyenda del partido y silencian la grada[14]. Los Dallas Cowboys se ponen en cabeza. 14-17. La remontada es completa. La frialdad, total.

Por primera vez en un partido de Campeonato tras la famosa derrota contra los Eagles de 1960, los Packers

---

14. En el fútbol americano se permite en cada jugada un solo pase hacia delante, pero no necesariamente lo tiene que hacer el quarterback. Para engañar a la defensa rival, a veces el pase lo ejecuta otro jugador.

están contra las cuerdas. Tras los dos primeros touchdowns, los de Green Bay han ido estrellándose una y
otra vez contra la impenetrable «Doomsday Defense», la
defensa del Día del Juicio Final. Ya en el último cuarto, los
de Green Bay tienen que ganar 65 yardas en menos de
cinco minutos. Es un ahora o nunca.

Bart Starr encuentra a Anderson primero y a Dowler
después para mantener vivo el ataque. En la siguiente
jugada se producirá un nuevo giro: el vaquero Willie Townes penetra en la línea de los Packers y tumba al halfback
Anderson para una pérdida de 9 yardas. A 19 yardas de
un primer down, la situación es desesperada. El verde y
oro Anderson decide compensar su error y transmuta del
error a la grandeza. Atrapa dos pases de Starr, rompiendo
la cintura del linebacker rival Chuck Howley al que vemos
pasar de largo deslizándose como un joven pingüino por
el hielo. Logra Green Bay así un down en la yarda 30 de
Dallas. Starr está ahora caliente de músculo, frío de mente
y rápido de reflejos. En la siguiente jugada, al entender
que su primera opción ha sido anulada por la defensa visitante, reacciona lanzando hacia Mercein el balón que lleva
a los suyos a 11 yardas del paraíso. Los Packers se mueven
inexorablemente y con un par de carreras se encuentran
ya a solo una yarda de la end zone. Tras tres horas de fútbol, y por la escasa incidencia del sol en ese flanco del estadio, el césped cerca de la línea de touchdown está duro
como un bloque de hormigón. Con 16 segundos por jugar,
Bart Starr pide tiempo muerto y corre hacia la banda para
hablar con Lombardi. Ambos coinciden en la necesidad de
elaborar una jugada decisiva. Son múltiples las opciones
posibles. Debaten. Dos genios recortados en el frío.

En primer lugar, una patada podría otorgar un empate y enviar el encuentro a una prórroga a muerte súbita. Hay, sin embargo, factores en contra de esta opción: anotar el field goal, aunque desde una distancia muy favorable, no está asegurado, teniendo en cuenta las terribles condiciones meteorológicas y el hecho de que el pateador ya ha fallado en un intento previo. Del mismo modo, los de Green Bay deben considerar que, en caso de empate, sería el factor suerte el que jugase el papel más decisivo, ya que en una prórroga es el azar de un sorteo lo que determina qué equipo inicia con la posesión de la pelota. Dado que la prórroga es a muerte súbita, quien gana el sorteo ve disparadas sus opciones de triunfo.

Segunda opción. Olvidarse del empate e ir a ganar intentando un juego de pase. Esta alternativa trae consigo ventajas: con un pase completo, los Packers ganan el partido. Si el pase resultara incompleto, probablemente podrían todavía jugarse la carta de la patada porque el reloj se detendría nuevamente dejando suficiente tiempo para patear. Desventaja: la defensa de los Cowboys ya ha noqueado ocho veces a Starr y si lo vuelven a hacer, el reloj no pararía y el partido moriría allí. Con derrota.

La tercera opción es correr. Ventajas: no hay tanto riesgo como en un lanzamiento por alto. En caso de éxito, el partido se ha ganado. Desventaja: si la defensa de los Cowboys para al corredor, el reloj no se detendrá y el partido acabará. Otra desventaja a considerar: en los anteriores dos intentos de carrera, Anderson ha chocado contra un muro infranqueable. Lo más lógico en caso de carrera sería dársela a un running back, pero también existe la opción de que sea Starr el que, guiado por los bloques de su línea de ataque, lo intente. A ojos de los puristas, esta última opción suena a locura absoluta, pero, precisamente por ser tan descabellada, podría sorprender al muro texano. De este debate en la banda pasará a la leyenda la frase que Lombardi acabó espetando a Starr: «Sal y larguémonos de este infierno».

Son dieciséis segundos de locura. Los Packers, gracias al trabajo del guard Jerry Kramer y del tackle ofensivo Forrest Gragg, logran generar un espacio transitable entre las humeantes huestes de Dallas que Starr aprovecha a las mil maravillas. ¡Touchdown Packers! El estadio trasciende el frío, los aficionados invaden la cancha y acaban desarraigando y tumbando los palos de las porterías. El tercer campeonato seguido de la NFL es ya una realidad. La leyenda de Lombardi y sus Packers se cincelará para la posteridad dos semanas más tarde bajo el confortable sol tropical de Miami. Lombardi guiará a los suyos a una contundente victoria 33-14 contra los Oakland Raiders de la AFL en la Super Bowl II.

Si bien el termino «Ice Bowl» fue acuñado tiempo después, las crónicas del día siguiente ya llegaron cargadas de detalles sobre las condiciones de frío extremo. En ciertos momentos del encuentro la sensación térmica había llegado a ser de 46 grados bajo cero.

Después de su segundo título en la Super Bowl, Lombardi nunca volvió a entrenar a los Packers. Pasó, eso sí, una temporada más en Wisconsin como director general. Tras su retiro, los Packers tardaron tres décadas en ganar otra Super Bowl. Vince decidió probar suerte en el banquillo de los Washington Redskins, pero el destino le concedió solo un año más antes de llevárselo consigo. Su misión en la tierra había concluido. Tras su muerte, la NFL le honraría poniendo su nombre al título más anhelado por todos en este deporte: el Trofeo Vince Lombardi.

NYJ FOR LIFE

JOE NAMATH
NEW YORK JETS

2

EL REY DE NUEVA YORK

NEW YORK STRONG

JOE NAMATH
JETS

QUARTERBACK

NEW YORK JETS

WORLD CHAMPIONS

Joe Namath

NYJ

EL SÁBADO 2 DE ENERO DE 1965 fue un día húmedo, no especialmente frío, en la ciudad de Nueva York. Un día normal para millones de personas, y a la vez una efeméride que la ESPN recordaría 50 años después. Aquel día Joe Namath firmaba por los Jets y se convertía en el rookie con un contrato más alto en la historia de la American Football League[15]. El corresponsal de *The New York Times* describió el acto como «un evento de luces y alfombra roja, al más puro estilo Hollywood». Aunque no fue la meca del cine, sino los focos y ecos de la bulliciosa vida neoyorquina y su estilo de juego los que acabarían inspirando el apodo de este frenético jugador: «Broadway Joe».

15. Fundada en 1959, la AFL operaría en solitario como liga mayor de fútbol hasta el primero acuerdo con la NFL que daría origen a la Super Bowl, siendo su primera edición el encuentro entre Packers (ganadores de la NFL) y Chiefs (triunfadores de la AFL) del 15 de enero de 1967. La AFL cesaría operaciones en 1969, pasando a integrarse en el seno de la NFL en el formato de conferencia (la actual AFC). De ella provienen franquicias tan populares como Patriots, Chiefs, Oilers, Raiders o Chargers.

Namath firmaba aquel histórico contrato con los Jets
justo un día después de haber perdido la Orange Bowl
con Alabama ante Texas y tras rubricar una actuación
memorable en la que, debido a una lesión, jugó sobre una
sola rodilla. Fue un esfuerzo épico que le valió el MVP del
partido, algo insólito estando en las filas del perdedor[16], y
que no le pasó desapercibido a Sonny Werblin, presidente
de los Jets, que ansiaba construir un equipo ganador que
compitiera de igual a igual con los mejores. Y así, pese a su
maltrecha rodilla y los diagnósticos médicos que augura-
ban una carrera corta, de no más de cuatro temporadas al
máximo nivel, Werblin estaba decidido a hacer de Namath
el símbolo de sus Jets.

A bordo del *Pannonia*, los abuelos de Joseph William
Namath llegaron desde Hungría en busca del sueño americano. Tras pasar por Ellis Island, viajaron hasta Beaver
Falls, al oeste de Pennsylvania. Su padre trabajaba en los
altos hornos de una industria de acero cerca de Pittsburgh,
y lo hacía con tanto esmero y en condiciones tan difíciles
que Joe decidió desde muy chico que en su vida se dedica-
ría a cualquier oficio menos al de su progenitor. Por suerte,
su talento no tardó en asomar. Desde adolescente se des-
empeñó con excelencia en cada deporte que practicaba,
revelando una abrumadora explosividad. En una época
en la que no se solían ver muchos mates en el baloncesto
de instituto, Namath los hacía con sorprendente regularidad. Fue también un excelente jugador de béisbol. En
el diamante destacó en el Beaver Falls High School con

---

16. Los Texas Longhorns derrotaron a la Alabama de Joe Namath por 21 a 17.

un impresionante promedio al bate de .667[17]. Joe poseía
unas habilidades físicas fuera de lo normal a las que añadía
una desbordante confianza en sí mismo. En la posición de
quarterback, en su único año como titular en el instituto,
acabó ganando todos los partidos.

Durante el último año de liceo le llovieron ofertas de
equipos de la Grandes Ligas de béisbol. Su gran sueño era
lucir la camiseta de los Pittsburgh Pirates, el equipo de sus
amores, liderado por el admirado Roberto Clemente[18],
amo y señor de la Ciudad del Acero en aquellos años. Sin
embargo, la oferta más ventajosa fue la de los Chicago
Cubs. Namath estaba muy ilusionado, pero su madre le
prohibió aceptar un contrato profesional porque debía
matricularse en la universidad. Tras la negativa, muchos
ateneos intentaron recrutarlo, pero finalmente Joe optó
por la Universidad de Alabama, que ya había forjado a dos
de los más grandes quarterbacks de todos los tiempos:
Bart Starr y su ídolo Johnny Unitas.

Recién llegado al Sur profundo, encontró un ambiente
muy distinto al de su Pennsylvania natal. Acostumbrado
a la convivencia interracial, le impactó la estricta segre-

---

17. Actualmente un jugador de las Grandes Ligas de béisbol que supera el .300 es
considerado una estrella. Para encontrar a un jugador que acabó la temporada regular
con un promedio superior al .400 hay que remontarse a 1941, cuando el mítico Ted
Williams, sublime bateador de los Boston Red Sox, acabó el curso con uno de .406.
18. Roberto Clemente fue el primer gran jugador latino de béisbol. Con su estilo de ba-
teo poco ortodoxo, lideró a los Piratas a dos títulos de las Series Mundiales. Clemente
falleció en un accidente de avión cuando estaba viajando de Puerto Rico a Managua
para llevar víveres a la población local, duramente golpeada por un terremoto en diciembre de 1972. Desde su muerte, y en su honor, la MLB otorga un premio anual al
jugador que más haya destacado por obras de ayuda a la comunidad. Es el Roberto
Clemente Award.

gación que se respiraba en Tuscaloosa[19]. Su carácter díscolo le causó una suspensión al ser pescado consumiendo alcohol desaforadamente en una fiesta. Pero su talento descomunal enamoró a los aficionados locales y llevó a los Crimson Tide al título nacional[20]. Las puertas del fútbol profesional se le abrieron de par en par.

Sus primeros tres años como profesional en Nueva York fueron un juego de todo o nada. Se convirtió en el primer quarterback en lanzar más de 4000 yardas en una temporada, pero también fueron habituales las intercepciones. Nunca se puso en discusión su talento. El debate siempre giró entorno a la regularidad y efectividad de su juego.

Guapo y listo, encantador y peculiar, pronto se dejó seducir por la deslumbrante vida de Nueva York, y la sedujo a ella también: Namath copaba portadas y rodaba anuncios como el más experimentado de los actores. Se le podía ver cenando en Toots Shor's, el famoso restaurante de la calle 51, con su legendaria barra circular en la que se habían sentado todos los grandes: de Sinatra a Hemingway, de Judy Garland a Yogi Berra. Su personalidad y juego convirtieron los partidos en el Shea Stadium, el nuevo recinto construido en el barrio de Queens que los Jets compartían con los Mets, en efervescentes eventos populares. Cuando estaba lesionado, en el banquillo solía lucir un fulgurante abrigo de visón blanco y unos excéntricos pantalones rojos que anticiparon la moda de

---

19. La Universidad de Alabama protagonizó unos de los episodios más recordados durante los años de la segregación racial: el gobernador de Alabama, George Wallace, se plantó delante del auditorio de la universidad para impedir la entrada a dos estudiantes negros.

20. Pese a perder el Orange Bowl, los Crimson Tide ganaron el título nacional.

los años setenta. Era el rey de la ciudad que nunca duerme. Y Namath no perdía el tiempo. Fue un asiduo de la mítica sala de bailes Copacabana —el lugar donde en 1957 Berra, Mantle y otros jugadores de los Yankees se habían enzarzado en una pelea con un tipo que había soltado insultos racistas a Sammy Davis Jr.— y del P.J. Clarke's, un pequeño bar-restaurante de la calle 55 apreciado también por Nat King Cole y Buddy Holly, por no hablar del Pussy Cat, el antro donde las bailarinas del Copa acababan sus noches. Joe era tan mujeriego o más que Mick Jagger, aunque no le gustaban las citas. «Soy más de salir y ver lo que me encuentro», decía. En la cancha todos los defensores querían romperle las piernas, pero él, dotado de una inquebrantable confianza en sí mismo y un brazo extraordinariamente rápido, no tenía miedo a nada. Weeb Ewbank, su entrenador, sabía que tenía entre manos a un auténtico diamante.

En la primera semana de la temporada 1969, la cuarta de Namath como profesional, los Jets se enfrentaron a los Chiefs. Los de verde y blanco ofrecieron una tarde para el recuerdo y ganaron gracias a tres espectaculares pases de Namath hacia Maynard, desafiando descaradamente a la secundaria de los Chiefs, una de las más respetadas de la liga. En la segunda semana, la ofensiva de los Jets destruyó a los Patriots. La irregularidad seguía siendo, sin embargo, el peor enemigo de Broadway Joe. Tras dos actuaciones inmejorables, los neoyorquinos volvieron a la tierra. En Buffalo, ante los Bills, uno de los equipos más flojos de la liga, ¡las casas de apuestas les concedían 19 puntos de ventaja! Pero Namath lanzó muy mal y provocó cinco intercepciones, dos de las cuales acabaron en touchdown.

Durante aquel encuentro, el jugador de los Jets Gerry Philbin acabó hundido. El exjugador de la Universidad de Buffalo tenía la fecha señalada en su calendario ya que los Bills lo habían descartado en el draft de 1964. Fue este defensive tackle quien antes del arranque de la temporada regular convenció a sus compañeros de que eligieran a Namath como capitán para que, de este modo, empezara a mostrar más liderazgo y a calibrar mejor los riesgos que tomaba sobre el terreno de juego. Philbin estaba convencido de que si mejoraba en esos aspectos, Namath era el tipo de jugador que podría llevar al grupo a lo más alto. Pero todo quedó en el aire tras el nefasto domingo en Buffalo: la derrota agudizó aún más las dudas sobre la solidez de Joe Namath.

La semana siguiente los Chargers de San Diego visitaban el Shea Stadium. Era el estreno del equipo en casa porque los Mets de béisbol habían ocupado el estadio durante las primeras tres jornadas. San Diego defendía una ventaja de 4 puntos en los últimos cinco minutos y Namath se encontraba en búsqueda del drive ganador. Los Jets se acercaron a la línea de touchdown, pero tras tres intentos no lograron derribar el muro visitante. Finalmente, en el cuarto intento Emerzon Boozer[21] se lanzó como un obús sobre la defensa de los Chargers logrando el touchdown que les ponía por delante. Al conjunto californiano le quedaban poco menos de dos minutos. Se acercaron hasta las

---

21. En situaciones de apuro o cuando falta poco para conquistar el down, el conjunto que ataca puede, en vez de ejecutar una patada de alejamiento, jugar el cuarto intento. Es una decisión arriesgada ya que, de no conseguirlo, el otro equipo arrancaría su ataque desde el punto en el que se ha parado la última jugada, es decir, con menos terreno que cubrir para llegar a la end zone rival.

30 yardas. No conformándose con la patada del empate, quisieron ir a por la victoria, pero la defensa neoyorquina se mostró inabordable y logró interceptar a los Chargers. Los Jets regresaban a la senda ganadora.

El domingo siguiente, en Denver ante los Broncos, Joe volvió a las andadas lanzando cinco intercepciones, pero tuvo la posibilidad de redimirse, de nuevo gracias al gran trabajo defensivo. En la última jugada, sin embargo, su pase rumbo a la end zone se estrelló contra el travesaño de los palos, que entonces estaban en medio de la zona de touchdown, y el ovoide acabó volando en una extraña parábola hacia la grada. Esta segunda derrota desató un fuerte debate dentro del vestuario del cual el equipo salió fortalecido. La cuestión era lograr que Namath se quitase de encima la presión, fundamentalmente autoinfligida. Sus compañeros hicieron un intenso trabajo mental con su capitán. La lección era clara: no tenía que hacerlo todo él solo.

En la sexta jornada, contra los Houston Oilers, se disputó otro partido muy reñido. Los Jets, que perdían por un punto, tenían la última posesión y Namath recuperó su mejor versión. Orquestó un impecable drive de 80 yardas que acabó con el acarreo ganador de Matt Snell. En la siguiente jugada los Jets provocaron un fumble que cerró definitivamente la contienda. La mejor defensa de la NFL continuó forzando turnovers y los Jets destruyeron a los malheridos Patriots la siguiente semana, a los Miami Dolphins en la semana ocho y finalmente se tomaron la revancha de la derrota en Buffalo arrasando a los Bills en Queens. Las cuatro victorias consecutivas después de caer en Denver tenían un denominador común: Namath no había superado las 200 yardas y no había lanzado un solo touchdown en aquellos encuentros. Esto es, supo sacrificar sus números personales por el bien del equipo. Al parecer no era tanto una cuestión de brazo, sino de cabeza. En la semana diez los Jets viajaron a Oakland para medirse a los Raiders, con quienes mantenían una enconada rivalidad. El año anterior el fornido defensa Ike Lassiter había roto la mejilla a Joe Namath, quien a pesar de todo continuó jugando para no darle una satisfacción a su marcador. En el último cuarto del partido, el muchacho de Beaver Falls se puso el esmoquin y pinceló un par de pases antológicos para su receptor favorito, Maynard: primero con una trayectoria de 47 yardas que dejó sin aliento al Coliseo de Oakland, y después completando la obra maestra de la noche con un lanzamiento que cubrió la mitad del campo y puso a los suyos con ventaja en el marcador. Lejos de arrodillarse, Oakland anotó un touchdown tras un memorable drive de 88 yardas, pero poco después Jim Turner, pateador de Nueva York, anotó tres puntos que pusieron a los Jets de nuevo arriba en el marcador a falta de 65 segundos. Eran las 7 de la tarde cuando la cadena NBC, en su emisión para el Este de Estados Unidos, cortó repentinamente la señal desde Oakland y lanzó en emisión la película *Heidi*. Sí, *Heidi*. A todos los aficionados de la Costa Este les fueron negados los últimos instantes del encuentro a cambio de ver a la pequeña Heidi correteando por bucólicos parajes alpinos.

Hito absoluto en la historia de las disrupciones televisivas, desde que empezó *Heidi* los Jets se hundieron y acabaron perdiendo el accidentado duelo 43 a 32. Conviene recordar que en aquella época los partidos de la

NFL solían durar entre dos y dos horas y media. La NBC había reservado para aquel épico duelo una franja de tres horas dentro de su parrilla, algo aparentemente más que suficiente. El exagerado número de touchdowns, lesiones, infracciones y una descomunal tangana contribuyó no solo a alimentar la tremenda rivalidad entre franquicias, sino que descarrilló completamente los planes de los directivos de la cadena.

Pero ¿por qué razón saltó *Heidi* a la emisión en la Costa Este? ¿Qué pasó exactamente en la sala de control de la NBC? A falta de 10 minutos para las 7 de la tarde, los aficionados quemaron las líneas telefónicas del canal para saber si la NBC continuaría la retransmisión del partido postergando así el estreno de la película, muy publicitado por el canal. Tantas llamadas hubo que las líneas se saturaron y no permitieron la comunicación interna entre los empleados para que pasara la orden del director de seguir con la señal del partido. Para más inri, la tarde apocalíptica de la NBC no pudo ser reconducida porque en una de las escenas clave de la película, algún empleado plantó un rótulo durante unos segundos en la parte baja de la pantalla con el resultado del partido. David Brinkley, uno de los presentadores estrella de la cadena, salió a dar explicaciones a las 22:50 de la noche del domingo y añadió con sarcasmo que ya no había nadie que pudiera consolar a los aficionados de los Jets, intentando aligerar la locura del momento. Todo lo ocurrido durante aquella surrealista batalla, conocida desde entonces como «Heidi Game», fue resumida en la legendaria frase de Art Buchwald, humorista de *The Washington Post*: «Unos hombres que no se hubieran levantado de sus sofás ni siquiera por un terremoto, corrieron hacia el teléfono para escupir obscenidades a los directivos de la NBC».

Sin embargo, Heidi representó cualquier cosa menos una maldición para los de Nueva York. Los Jets acabaron la temporada regular con triunfos en sus últimos cuatro encuentros y se plantaron en la final de la AFL, donde esperaba el ganador del desempate entre Chiefs y Raiders, que se acabaron llevando los de Oakland gracias a nada menos que cinco touchdowns del quarterback Daryle Lamonica. ¡De nuevo Jets-Raiders! El morbo estaba servido.

El partido de Campeonato se jugó en el césped congelado del Shea Stadium, azotado por un viento impetuoso. Los Jets querían borrar el Heidi Game y clasificarse para la Super Bowl. Los Raiders maniataron a un Namath que, jugando con una lesión horrenda en el dedo, demostró nuevamente su resiliencia. Los Raiders iban ganando 23 a 20 a falta de ocho minutos, pero lejos de hundirse, Joe Namath volvió a confiar en sí mismo y en Maynard. En el siguiente drive Namath dibujó un pase que desafió y derrotó al viento y Maynard logró una memorable recepción, la mejor de su carrera, en sus propias palabras. Según Dave Anderson de *The New York Times*, Namath preparó el pase como un lanzador de jabalina y movió hacia delante el brazo con un poderío y una puntería imponderables. Tras la proeza los Jets se encontraban en la yarda 8 del terreno de los Raiders y Namath hizo gala de una desconocida madurez. En una acción no diseñada en origen para Maynard, se mantuvo paciente cuando los Raiders le cerraron las líneas de pase y, de repente, volvió a conectar con su receptor fetiche, que engañó con gran destreza a su marcador.

La pelota pasaba por última vez a Lamonica con 27-23 para los Jets en el luminoso. El hombre de Fresno no tembló y se acercó peligrosamente a la end zone de Nueva York. El espectro del Heidi Game se plantaba nuevamente en la cara de los locales. Pero, acto seguido, en un sencillo pase lateral de Lamonica al número 23 Charlie Smith, la ventisca cambió de repente la trayectoria del ovoide, este cayó por detrás del quarterback y el Jet Ralph Baker se apoderó con fuerza del balón y certificó el pase de su equipo a la Super Bowl. Los neoyorquinos lograban ser campeones de la AFL solo cuatro años después de fichar a Namath. La Super Bowl III fue mucho más que un encuentro de fútbol. De hecho, significó un punto de inflexión en la historia de este deporte. Lombardi con los Packers había ganado los dos primeros entorchados, confirmando en el césped que la National Football League era la más poderosa. Incluso en la primera Super Bowl pueden verse en las gradas del Coliseo de Los Angeles un buen número de butacas vacías, ya que a juicio de la afición de la época la verdadera final había sido el encuentro entre Cowboys y Packers. Al año siguiente, aunque diezmados por el dantesco Ice Bowl, los Packers aterrizaron en Miami y se comieron a los Raiders. En ese momento había todavía muchísima gente que asumía como insalvable la inferioridad de las franquicias de la American Football League[22]. El oneroso contrato de Namath había sacudido el escenario

---

22. Es preciso observar que los Packers habían destruido en sendas temporadas a las dos mejores y más temibles defensas de la otra liga. Conviene recordar también que en aquellos primeros años las ligas estaban totalmente desvinculadas −cada una con su propio draft y ningún encuentro entre equipos de ambas ligas durante la temporada− y que solo se cruzaban para disputar la Super Bowl.

en los despachos, pero los Jets necesitaban un triunfo que probase al mundo su fortaleza deportiva y, por extensión, la de la AFL.

Miami albergaba por segunda vez consecutiva el encuentro en el que el campeón de la AFL desafiaba al ganador de la NFL. El representante de la liga más poderosa serían esta vez los Colts de Baltimore, grandes favoritos según las casas de apuestas. El entrenador del conjunto de Maryland era Don Shula, un hombre que pocos años después escribiría su propia leyenda en ese mismo estadio. Shula había sido pupilo de Ewbank, entrenador de los Jets, por lo que la afición tenía ante sí no solo un partidazo de fútbol sino una partida de ajedrez entre viejos conocidos. Para darle más morbo al partido, Johnny Unitas, ídolo de infancia de Broadway Joe, era la estrella de los Colts, aunque todavía no había debutado en aquella temporada debido a una grave lesión. Unitas estaba ya recuperado, pero Shula decidió que Earl Morrall, el eterno suplente de Unitas, que ese año había rayado a muy buen nivel, saliese de titular.

Los Colts aterrizaron en Miami habiendo ganado once partidos de doce, derrotando a sus contrincantes con un promedio de 18 puntos de ventaja. Una auténtica barbaridad, una marca quizás inigualable. Tex Maul, la pluma más prestigiosa de *Sports Illustrated*, había pronosticado un exacerbado ¡43-0! La mayoría de los aficionados creía estar asistiendo a una ejecución pública, y así parecía que iba a ser después de que en la primera posesión los Jets no superaran las 40 yardas en su propio terreno. Los Colts empezaron su ataque con una carrera del tight end Jon Mackey. En la segunda jugada consiguieron otra carrera y el primer down. Los vaticinios de los expertos parecían confirmarse. Morrall empezó a buscar profundidad y encontró una plástica recepción de Tom Mitchell. Pero en la siguiente jugada el quarterback acabó lanzando un pase horrendo, sometido a la tremenda presión de los Jets. Los de Baltimore no obtuvieron nada en el tercer down y tuvieron que patear para intentar estrenar su casillero. El disparo, sin embargo, se fue ligeramente a la derecha. Los Jets habían aguantado la primera embestida de los Colts. Namath empezó a mover la pelota con su estilo imaginativo. En un primer down Joe intentó conectar con su socio Maynard con un cohete que cayó ligeramente por delante de los brazos del número 13. El grito de exceptación del Orange Bowl mientras los aficionados acompañaban la trayectoria de la pelota fue una clara prueba de amor hacia Namath. El drive no regaló más emociones, pero quedaría como un aviso de lo que podía ocurrir.

Los Colts estaban nerviosos, no lograban mover el ovoide con continuidad e intentaron buscar el juego largo. La defensa de los Jets se mantuvo seria y ordenada, no dejó huecos y siguió intimidando al campeón de la NFL. En la tercera posesión, los Jets arrancaron desde una posición peligrosa en sus propias 4 yardas. Namath conectó con George Sauer, que atrapó el balón, pero fue sorprendido por el placaje de Ron Porter. De pronto, lo que hubiese sido primer down de los Jets se transformó en fumble y en una posesión para los Colts a 12 yardas de la end zone. Aquello era una prueba de fuego para la defensa de los de verde y blanco, que no defraudó: aguantaron dos juegos de carreras y luego propiciaron su primer turnover. Los Colts se habían acercado en dos ocasiones a la zona roja, las últimas 20 yardas del rival, pero no habían conseguido ningún punto. Aquello empezaba a ser de todo menos una buena señal para los pupilos de Don Shula.

En el siguiente ataque los Jets intentaron jugar por tierra. Los de Queens eligieron cuatro carreras seguidas para Matt Snell, algo impensable en el fútbol moderno. Namath casi encajó una intercepción en el siguiente intento, pero lejos de asustarse, en un tercer down y 4 desde la yarda 48, lanzó una flecha que llegó directa al destino: George Sauer voló hacia el cielo y atrapó el anhelado ovoide. En la siguiente jugada Namath siguió apostando por Sauer con un pase rápido que no fue atajado por los pelos por la defensa de Shula y que acabó entre las manos magnéticas de Sauer. A continuación, Namath encontró a Snell por arriba. Los Jets estaban a solo 9 yardas del touchdown. Snell siguió paulatinamente ganando terreno. ¿Quién sino él para rematar ese legendario drive? Esta vez hacia la izquierda, el portentoso fullback sorteó el desesperado intento de los Colts y marcó los primeros puntos de la tarde.

Aunque faltaba muchísimo tiempo, los Colts parecían noqueados, víctimas de una gran defensa y un Namath inspiradísimo. Sin embargo, a pesar de que Namath olió sangre, los Jets no pudieron aumentar la ventaja y la primera mitad se cerró con un resonante por impensable 7-0 para los neoyorquinos. Los Colts remaban vigorosamente hacia el abismo.

En los primeros minutos de la segunda mitad, los Colts lograron tumbar a Namath, pero no pudieron evitar la patada que ponía a los Jets 10-0 arriba. Ahora había dos posesiones de diferencia. Don Shula se exasperó y ordenó a Johnny Unitas calentar, pero Morrall siguió en el campo para guiar otro ataque que no puso en aprieto a los Jets. Namath por su lado siguió pincelando pases cortos que permitían a los suyos avanzar paulatinamente. El reloj seguía corriendo y, tras otra exitosa patada, los Jets colocaron un inesperado 13-0 a su favor.

Ni siquiera la entrada de Johnny Unitas dio la vuelta a la tortilla. El primer drive del exjugador de la Universidad de Alabama acabó con un punt, una patada de despeje. Namath, imperturbable, se ajustó la corbata. Con los suyos en territorio propio consiguió un fundamental primer down con un pase rápido que atrapó Sauer. En la siguiente jugada completó el envío más largo de la tarde, gracias a la espectacular recepción del mismo Sauer, su diana favorita aquel día. El reloj seguía corriendo y se agotó el tercer cuarto: los Colts estaban ahora sí contra las cuerdas.

Y a todo esto, ¿dónde estaba Maynard? El receptor texano estaba tocado físicamente y Joe intentó solo un pase hacia él, aquel espectacular pero incompleto lanzamiento en el segundo drive. Leyendo a la perfección el tablero, Namath siguió explotando los dobles marcajes que sufría su amigo para ir alimentando a los demás receptores, que gozaban de más espacio. Los Jets acabaron el drive con otra certera patada. La defensa de Baltimore aguantó estoicamente para mantener el partido vivo, pero el ataque hubiese tenido que obrar un milagro —o varios— para darle la vuelta al 16-0 que ya campaba en el marcador.

Unitas intentó nuevamente un pase en profundidad, pero su lanzamiento, fútil y perezoso, acabó en manos de Randy Beverly, que se anticipó al receptor. La lúgubre cara de Shula describía perfectamente su estado de ánimo.

El desastre de los Colts era una realidad. Los siguientes diez minutos del último cuarto sirvieron únicamente para maquillar el electrónico. Se consumaba la sorpresa más grande de la historia del fútbol americano: los Jets vencían a los grandes favoritos de forma clara (16-7), y Namath era elegido mejor jugador del encuentro.

Joe estaba en la gloria y, tras volver a Manhattan, no se le ocurrió otra cosa que abrir su propio club, al que llamó Bachelors III. Los tres solteros al que hacía referencia el nombre eran el cantante Bobby Van, su compañero de equipo Tony Abbruzzese y él mismo. El éxito del local de Lexington Avenue fue fulgurante. Todo el mundo quería ver y ser visto en el nuevo club de moda de Manhattan. Deportistas, políticos, actores, actrices y músicos de todas las variedades se convirtieron en asiduos, pero el Bachelors III también sedujo a no pocos mafiosos de la ciudad. El comisionado de la liga, Pete Rozelle, no vio con buenos ojos esa asociación con el hampa y pidió a Namath que se desentendiera del negocio. Enfurecido, Namath organizó una rueda de prensa en la que, entre lágrimas, anunció su retirada del fútbol. Tenía solo 26 años. La afición de los Jets no daba crédito. La NFL no se lo podía permitir. Un mes más tarde, Rozelle y sus abogados convencieron a Namath y la retirada quedó en nada. Namath, el rebelde de la liga, volvía al juego.

Dos años después, las dos ligas se fusionaron y tomó forma la NFL que conocemos hoy en día. Contra los vaticinios de los médicos, Namath siguió jugando más allá de aquella cuarta temporada, aunque, severamente lastrado por las lesiones, nunca volvió a competir al nivel de 1968. Con el paso de los años, Broadway Joe se ha convertido en uno de los jugadores más queridos en la historia de una franquicia que, tras derrotar a los Colts de Shula, ya no ha vuelto a ganar el título.

3

JOHNNY UNITAS SUEÑA CON EL ANILLO

1953 COLTS FOOTBALL

EL SUAVE CLIMA DE MIAMI no converge en absoluto con el fiero y tenso estado de ánimo que corre y se eriza en las almas colectivas de ambos contendientes. Al sol ardiente que domina el cielo purificador de la Florida, dulcemente mitigado por la brisa marina, se contrapone la ansiedad y tensión de Baltimore Colts y Dallas Cowboys. Ambas franquicias están a punto de medir sus fuerzas en la Super Bowl V. Domingo 17 de enero de 1971. Un día capicúa para todo el planeta excepto aquí.

El mítico Orange Bowl de Miami, ubicado en Little Havana, el barrio de los exiliados cubanos, ya había sido testigo de la destrucción de los Baltimore Colts a manos de los Jets en la Super Bowl III. Guiados por el veterano Weeb Ewbank desde el banquillo y por Joe Namath en el césped, los de la herradura en el casco tuvieron que rendirse a la humillación de ser el primer equipo de la NFL en perder contra el contendiente de la mucho menos glamurosa, y peor considerada, American Football League.

Aquella hecatombe provocó un terremoto que en pocos meses sacudió completamente el panorama de la NFL.

Para el arranque de aquella temporada de 1970 que hoy se clausuraba, la fusión de la NFL y la AFL había dado paso a la estructura actual de la NFL: un draft único para todas las franquicias y el mismo número de equipos repartidos entre dos conferencias, NFC y AFC. A raíz de la fusión, algunos conjuntos de la National Football Conference pasaron a la American Football Conference. Aquel había sido el caso de los Colts de Baltimore.

La estrella del equipo de Maryland es el quarterback Johnny Unitas, que a sus 37 años sigue en búsqueda de su primer anillo de campeón de la Super Bowl, galardón que supondría el broche de oro a una trayectoria legendaria. Nacido en Pittsburgh en 1933, cuando el país empezaba a recuperarse lentamente de la Gran Depresión, Unitas pasó su infancia en Mount Washington, un barrio crecido a lo largo de la ribera sur del Río Monongahela, tradicionalmente dedicado al carbón. De ascendencia lituana, su apellido era Jonaitis, pero al llegar sus abuelos a Ellis Island el apellido había sido americanizado por el oficial de inmigración. Adiós Jonaitis, hola Unitas. Su padre, el señor Francis Unitas, lo dejó huérfano cuando solo tenía cuatro años, y su madre tuvo que buscarse dos empleos para que la familia pudiese seguir adelante. La ética de trabajo y el carácter duro como el hierro de Helen Unitas (Superfisky de soltera) hicieron mella en el joven Johnny.

En la escuela secundaria, Johnny Unitas jugaba ya de quarterback, aunque ocasionalmente también lo hacía de running back, algo que le ayudó a la hora de conectar con sus corredores en toda su carrera. De adolescente soñaba

con ponerse el casco de los Fighting Irish de Notre Dame[23]
e incluso llegó a presentarse a una prueba, pero se topó
con el juicio inapelable del entrenador Frank Leahy: «Este
chico es demasiado flaco, si lo meto en cancha lo van a
matar». Rápidamente, Unitas supo transformar la frustración en energía positiva y pronto encontró la oportunidad
de jugar como quarterback en la Universidad de Louisville, donde debutó como titular en la quinta jornada de la
temporada de 1951. No tardó mucho en exhibir su talento:
completó 11 pases seguidos y consiguió 3 touchdowns en
un partido contra Saint Bonaventure. Aquella temporada,
Louisville ganó cuatro de los cinco partidos en los que
Unitas jugó de inicio, y perdieron cuatro de los cinco en
los que no fue titular.

Al año siguiente, debido a un severo recorte de fondos,
el equipo de fútbol redujo la plantilla de forma tan drástica
que los jugadores que quedaron disponibles debían jugar
¡en ataque y en defensa! Así, Unitas ejerció en cada partido no solamente de quarterback sino también de safety
y de cornerback, y como no había más remedio se encar-
gaba también de retornar los kick-offs. Esta situación se
mantuvo inalterable durante su tercer año hasta que en el
último año universitario, con una plantilla de 34 jugadores,
jugó ya solo en su posición favorita.

En el draft de 1955 fue elegido en la novena ronda por
los Pittsburgh Steelers, el equipo de su ciudad. En el trai-

---

23. Durante la adolescencia de Unitas (década de 1940) los Irlandeses Luchadores
de South Bend, Indiana, ganaron cuatro títulos nacionales. Desde 1988, sin embargo,
a este histórico ateneo del fútbol universitario no se le ha visto luchar por títulos.

ning camp, junto con Unitas, había otros tres quarterbacks. Uno de ellos debía abandonar la plantilla. A Walt Kiesling, entrenador de los Acereros, no le tembló el pulso al señalar a Unitas como el elegido. Ser rechazado de nuevo fue una gran decepción para el joven Johnny, que tuvo que remangarse la camisa y pasar aquel año trabajando en una empresa de construcción. Su cabeza, sin embargo, seguía centrada en el fútbol. Y con razón. Pocos meses más tarde, se presentó por fin una nueva oportunidad. Lo llamó el legendario coach de los Colts Weeb Ewbank, y Johnny no se lo pensó dos veces. El quarterback titular de Baltimore era en aquel momento George Shaw, número uno del draft el año anterior. Se esperaba que Shaw fuera el líder que llevara a los Colts, un equipo con mimbres suficientes como para optar a lo más alto. En esa primera temporada, la de 1957, en un partido contra los Detroit Lions, con la contienda decidida, Ewbank dejó que Unitas jugara unos minutos. Entró en el campo encorvado, trotando de una forma un tanto peculiar. Las primeras sensaciones que ofrecía el joven quarterback no invitaban al optimismo. Ese día lanzó un 0 de 2 y una intercepción. Fue un debut desalentador.

Dos semanas después, contra los Chicago Bears ocurrió lo impensable: Shaw se rompió la pierna y Unitas tuvo que sustituirle, esta vez para disputar minutos de verdad. Unitas entró al terreno de juego con parsimonia. Los primeros compases no pudieron ser más catastróficos. Su primer pase fue interceptado y retornado en la end zone, y, poco después, cometió un fumble. La parroquia local lamentaba el infortunio de Shaw. Semejantes desgracias hubiesen destrozado psicológicamente a muchos, pero

Johnny ya había demostrado que podía soportar cualquier revés, tanto físico como emocional. En las semanas siguientes la situación dio un vuelco de trescientos sesenta grados. Unitas jugó de manera espectacular contra Green Bay y Cleveland, y acabó la temporada con un promedio de pases completado del 55,6%, un récord para un rookie. Ya nadie pensaba en el retorno de Shaw. En su segunda campaña, la de 1958, «Johnny U» explotó definitivamente y se hizo con el trofeo de MVP. Su eclosión había sido fulgurante. Había nacido una estrella[24].

Baltimore, que jamás había festejado un título en ningún deporte profesional, era considerada poco más que un lugar de paso en el trayecto entre Washington y Nueva York. Solo a mediados de los años cincuenta habían logrado los Orioles, que habían recalado en Maryland tras dejar Saint Louis[25], dar alguna alegría a la comunidad local. Faltaba, sin embargo, un símbolo, un héroe, alguien capaz de situar la ciudad en el mapa deportivo profesional. ¿Y qué mejor oportunidad para hacerlo que en Nueva York? ¿Qué mejor marco que el Yankee Stadium?

Corría el año 1958 cuando Unitas llevó a los Colts al partido de Campeonato de la NFL. En el Bronx aguardaban los Giants, grandes favoritos. El combinado de Nueva York

24. En 1957 Unitas lanzó por encima de las 2500 yardas y consiguió 24 touchdowns. Los Colts acabaron con siete victorias y cinco derrotas, cerrando así la primera temporada ganadora de la historia de la franquicia.
25. La entidad fue fundada en Milwaukee con el nombre de Brewers, donde jugó el primer año de su historia antes de pasar 52 temporadas en Saint Louis con el nombre de Browns. Los Orioles han ganado tres Series Mundiales. Su mejor época fue en los años sesenta y setenta y en el primer lustro de la década de 1980.

había logrado el entorchado dos años antes[26] y acababa de dejar a 0 a los Cleveland Browns en la ronda divisional[27]. La defensa de los Gigantes, liderada por el linebacker Sam Huff, estaba jugando a un gran nivel. La misma mañana de la final el propio Huff[28] se topó a la hora del desayuno con los jugadores de los Colts en el hotel de concentración. Ver allí en vivo a aquel hombre desató en los Colts un pensamiento indecente: ¿y si aquella iba a ser la tarde en la que finalmente lo destruyeran? Unas horas más tarde Unitas salió al terreno oliendo aquella hierba donde en veranos pasados habían realizado sus proezas Babe Ruth y Joe DiMaggio, y donde ahora brillaba la estrella de Mickey Mantle[29]. Y se inspiró.

Ambos equipos ya se habían visto las caras durante la temporada regular, con derrota de los de Baltimore, según Ewbank, porque las esposas y novias de los jugadores habían estado con ellos hasta muy tarde. Por ello, esta vez decretó que a las diez de la noche de la víspera todos los jugadores estuvieran a solas en sus habitaciones. Todos sabían que la derrota durante la temporada regular había sido por una infección de pulmón que había dejado fuera a Unitas, pero el descanso no les vino mal a los pupilos de

---

26. El partido de Campeonato de 1956 acabó con un apabullante 47-7 a favor de los Giants, que anularon a los Bears de Chicago en un duelo jugado en el Yankee Stadium.

27. Jim Brown, mejor corredor de la nación y estrella de los Browns, corrió solo 8 yardas en 8 acarreos.

28. Durante la temporada de fútbol Huff vivía en un hotel y pasaba las vacaciones en su nativa Virginia Occidental.

29. Ruth, DiMaggio y Mantle son estrellas míticas de diferentes eras de los Yankees. Los tres dejaron su impronta consolidando así sus respectivas dinastías vistiendo la camisa de los Bombarderos del Bronx.

Ewbank, que pudieron afilar aún más sus armas y convencerse de que la hazaña era posible. Esa final de Campeonato fue un encuentro tremendamente reñido y espectacular. Los casi 60.000 afortunados espectadores vivieron una serie delirante de emociones. El resultado se mantuvo en vilo hasta el tiempo añadido.

Johnny U tuvo una actuación sobresaliente en su conjunto, yendo claramente de menos a más, alcanzando el clímax en el momento cumbre, cuando lideró a los suyos en los últimos segundos del tiempo reglamentario en un drive que supuso la patada del empate. Johnny estuvo calmado, leyó las situaciones del juego de forma inmejorable y sobre todo lanzó de manera brillante, precisa, poderosa. No en vano su brazo derecho era conocido como «Golden Arm».

La victoria de los Colts 17-23 contra los Giants, sellada en la prórroga tras una carrera de Alan Ameche, supuso el primer título para Unitas que, tras aquel laurel, se convirtió en el primer quarterback reconocido globalmente.

Johnny U encarnaba el prototipo de mariscal de campo moderno, amado por las masas, portando como un estandarte sobre sus hombros el orgullo de toda una ciudad. La explosión de popularidad fue acunada también por la retransmisión de la NBC, que mantuvo enganchados a 45 millones de espectadores[30].

Al año siguiente, temporada de 1959, los Colts volvie-

---

30. Habrían sido más si no hubiese sido por las normas de la NFL, que no permitían la retransmisión del encuentro en la misma área geográfica en donde se jugaba, por lo tanto todos los seguidores de la región metropolitana de Nueva York se quedaron sin las imágenes del encuentro. Este duelo se conoce aún hoy como «El Partido más Grande de la NFL».

ron a clasificarse para el partido de Campeonato[31], donde de nuevo se encontraron a los Giants de Nueva York, esta vez en el escenario amigo del Memorial Stadium[32]. La oportunidad de triunfar en casa, revalidando el alirón contra los enemigos de Nueva York, era inmejorable y los Colts no la desaprovecharon. Se llevaron el duelo 31-16 desatando la locura en la ciudad de Maryland. Unitas, endiosado por la multitud, era el amo y señor. Sus gestos delataban emociones intensas.

En los siguientes cursos, los resultados fueron empeorando paulatinamente hasta que la franquicia decidió prescindir de Ewbank. Para sustituirlo, la entidad fichó a un joven Don Shula, que debutaría como entrenador jefe en la temporada de 1963. Shula tendría ante sí la gran oportunidad de festejar un título cinco años más tarde, en el gran baile de 1968, la Super Bowl III, pero ya sabemos que la historia —y Joe Namath— no lo quisieron. En la campaña siguiente a aquella humillante derrota ante un equipo de la AFL, las cosas no funcionaron y el equipo no logró clasificarse para la postemporada. Carroll Rosenbloom, el volcánico presidente de la entidad, ya no se hablaba con el arisco Shula y Don se fue a los Miami Dolphins mientras los Colts elegían como sustituto a Don McCafferty, un tipo simpático y divertido, con un carácter diametralmente opuesto al de su predecesor.

---

31. En aquella temporada Unitas ganó su segundo título de MVP.

32. Histórico recinto de Baltimore en el que jugaron los Colts entre 1947 y 1950 primero y por un total de 30 años después, entre 1953 y 1983. Fue también el hogar de los Orioles hasta 1997. Emplazado no muy lejos de la prestigiosa Universidad John Hopkins, en la calle 33, era conocido como «Old Grey Lady of the 33rd Street».

Los Colts arrancaron la temporada de 1970 con una victoria ajustadísima en San Diego. En la segunda fecha se enfrentaron a los ganadores de la cuarta Super Bowl, los Kansas City Chiefs[33], que literalmente destruyeron a los de Baltimore, desatando las alarmas a lo largo y ancho del estado de Maryland. En la siguiente jornada, en un partido mediocre contra los Patriots, los Colts se encontraban en situación de gestionar una ventaja. Una acción de play-action de Johnny Unitas, pese a que el entrenador le había indicado hacer cualquier cosa menos pasar el balón, finiquitó el encuentro. Unitas demostraba una vez más su personalidad. En Houston, contra los Oilers, el hombre crecido en los barrios carboneros de Pittsburgh capitaneó una remontada espectacular cuya guinda fue un pase hacia fuera que acabó en las manos de Roy Jefferson.

Si bien había habido algún cambio de jugadores en la plantilla desde la derrota en la Super Bowl III, el núcleo de veteranos de los Colts permanecía intacto. La defensa seguía siendo muy fiable, con dos grandes protagonistas: Bubba Smith[34], leyenda del fútbol universitario por su desempeño con los Spartans de Michigan State, que en posición de defensive end erguía un muro infranqueable cada domingo, y Mike Curtis, un cornerback con dos apodos que lo definían bien: «Mad Dog» y «The Animal». Los Colts se vengaron de los Jets durante la temporada regular y, a partir de entonces, desquitados, las cosas empezaron

33. Los Kansas City Chiefs habían ganado la Super Bowl IV ante los Minnesota Vikings por 23-7 en el Tulane Stadium de Nueva Orleans. Repetirían hazaña en 2020 coronándose campeones de la Super Bowl LIV tras ganar 31 a 20 a los 49ers.
34. Smith se hizo famoso en España por su participación en la saga *Loca academia de policía*.

a ir sobre ruedas. En la sexta jornada, Shula volvió a Baltimore con sus nuevos pupilos de Miami y los de Unitas lo recibieron con un brutal 35-0 a favor de los locales. Tras un decepcionante empate contra los Bills, los Colts tuvieron que viajar a Miami, donde los de Shula se vengaron de la paliza de Baltimore.

Contra los Bears, los blanquiazules iban perdiendo 0-17 tras tres preocupantes intercepciones lanzadas por Unitas. El curso parecía estar torciéndose nuevamente. Pero el veterano quarterback se resarció de sus errores con una serie de asombrosos envites que ayudaron a dar la vuelta al marcador. El pase decisivo encontró las manos del tight end John Mackey y con ello volvió la racha ganadora. La semana siguiente, la defensa demolió a los Eagles y, bajo una tremenda nieve, los Colts se coronaron campeones de la división Eastern. En la ronda divisional dejaron a cero a unos jóvenes e inexpertos Cincinnati Bengals y en la final de la American Football Conference, diputada en el Memorial Stadium contra los Oakland Raiders, la defensa y el juego largo de Unitas les llevó en volandas al gran baile.

Hoy, este confortable 17 de enero de 1971 en el Orange Bowl de Miami, y con 37 primaveras a sus espaldas, Johnny Unitas se encuentra por segunda vez a las puertas de su gran sueño: coronarse en una Super Bowl. Posiblemente se trata, pondera, de su última oportunidad. Entra en el estadio haciendo gala de su característico estilo enigmático, circunspecto, contenido. Posee la frialdad del navegado jugador de póker que, por sublime u horrenda que sea la mano que opera, no se inmuta ni revela.

Los Cowboys de Tom Landry desean vengar no solo la derrota padecida en el Ice Bowl cuatro años antes sino tam-

bién los dos reveses encajados contra Cleveland Browns en
la final de Conferencia de las dos temporadas precedentes.
Dallas, que se ha ganado el incómodo apodo de «Campeones del Año que Viene» ya que siempre están en la pelea,
jugando espectaculares temporadas regulares y fallando
estrepitosamente en playoffs, hoy quiere redimirse.
La Super Bowl V enseguida pone a Baltimore en una
situación comprometida. En su segundo ataque, los Colts
vuelven a perder el balón, esta vez a solo 9 yardas de su
propia end zone. Clamorosamente, los Cowboys fallan
sus tres intentos de touchdown, uno de ellos un pase relativamente sencillo que no llega a las manos de un Reggie
Ruckner que estaba completamente solo. En la banda Landry se pone como un basilisco. La patada supone, eso sí, el
3-0 para los texanos.

Tras otra posesión infrucutuosa de Baltimore, Landry
ordena a su quarterback, Craig Morton, priorizar el juego
de carreras, lo que acaba resultando en un notable drive
que la defensa de los Colts apenas puede contener. Ya en
territorio enemigo, Dallas cambia repentinamente su par-
titura y Morton lanza un espectacular pase largo hacia Bob
Hayes, que recoge con brillantez y es tumbado a apenas
seis yardas de la zona de touchdown. Sin embargo, por
segunda vez consecutiva, los de McCafferty levantan el
muro y los Cowboys tienen que conformarse con otra
patada. El 6-0 supone una ventaja mínima considerando las
oportunidades que han tenido los de Landry.

Arranca el segundo cuarto y Unitas debe espabilar. Pero
el drive empieza de la peor manera. Muy pronto, un delicado tercer down y 10 desde las propias 25 yardas. Snap,
un par de pasos hacia atrás, Unitas se toma su tiempo y

lanza en profundidad hacia Eddie Hinton. El balón, sin embargo, vuela demasiado alto y Hinton solo alcanza a desviarlo. El ovoide se mantiene peligrosamente suspendido en el aire dando ocasión al defensive back de Dallas, Mel Renfro, a emprender un iracundo intento de atraparlo o por lo menos alejarlo del alcance de otro receptor de Baltimore. Renfro logra apenas rozar la pelota y esta acaba cayendo a las manos del Colt John Mackey, que la esconde con su antebrazo derecho y, protegiéndola con el pecho, arranca a correr y ya no se detendrá hasta cruzar la end zone. ¡Touchdown Colts! Con la furia rauda de un rayo ha subido el empate al marcador. 6-6. Renfro enloquece, como su coach Landry en la banda poco antes, porque sostiene no haber tocado el balón, hecho que, de ser cierto, invalidaría la jugada[35]. Las imágenes que se verán posteriormente lo desmienten.

El punto adicional suele ser una formalidad, pero nunca lo será si tu pateador es el kicker Jim O'Brien, un joven de pelo largo con aire de despistado. O'Brien se coloca, ejecuta y… falla estrepitosamente. La tarde de Unitas sigue sin despegar. Minutos más tarde, el linebacker de Cowboys Lee Roy Jordan lo derriba causando un fumble y, tres jugadas después, los pupilos de Landry festejan el primer touchdown de la tarde. 13 a 6 para Dallas. El final del segundo cuarto no registra cambios en el marcador, pero sí una clamorosa noticia: Unitas, tocado, arroja la toalla. No jugará la segunda parte.

---

35. Según el reglamento, si Renfro no hubiera tocado la pelota la recepción no habría valido porque dos receptores del mismo equipo no pueden tocar el ovoide consecutivamente.

Para que los Colts ganen la Super Bowl V este 17 de enero de 1971, Johnny y los demás tendrán que rezar para que Earl Morrall, quarterback reserva de Baltimore, se ilumine. Pero el tercer cuarto se convierte en un festival de errores, balones robados e improvisaciones. El partido está loco, Baltimore ha tenido numerosas ocasiones para anotar, pero el marcador no se ha movido. Con menos de diez minutos por jugar, un lanzamiento de Morton es interceptado por el safety de Baltimore Rick Volk, que corre por 30 yardas hacia la 3 de los de Texas. Se paladea el empate y será Nowatzke quien logre el touchdown que devuelve la ilusión a los aficionados blanquiazules.

No hay calma para el alma: seguidores y jugadores deben mantener el aliento, cruzar dedos, poner velas, rezar, implorar a sus tótems para que el joven O'Brien acierte la patada esta vez. A pesar de estar bajo una enorme presión, O'Brien realiza un disparo suave a media altura que pone el 13-13 en el marcador. Se acerca el momento de la verdad.

Cada equipo desperdicia un par de posesiones y son los Vaqueros los que tienen la pelota a falta de dos minutos. Arrancan desde una excelente posición, yarda 48 en terreno de Colts, pero no logran sacar rédito en su primera embestida. En el segundo intento cometen un error al forzar un holding ofensivo por la que son penalizados con muchas yardas. En un segundo y 35, Morton lanza para Dan Reeves, pero el ovoide se le escapa y acaba a manos del Colt Mike Curtis, unos de los veteranos más obsesionados con el resarcimiento tras el fiasco de la Super Bowl III. Curtis, todo corazón, corre sin contemplaciones por 13 yardas hasta la 28 de Cowboys. Los Colts toman el asunto por la pechera y logran engullir más centímetros hasta detener el reloj a falta de nueve segundos para el final del encuentro.

Ironías y equilibrios del deporte, en una Super Bowl que reúne a diez futuros Hall of Famers, la jugada más importante la protagonizará un tipo no especialmente talentoso. El pateador de los Colts acaricia el césped, se levanta y se prepara para la jugada clave realizando sus rutinarios movimientos con los brazos. Tiene que aislarse del mundo tanto como pueda, también del suyo interior, y poner el maldito ovoide entre los palos y por encima del poste. Como ya ha hecho unos minutos antes. Como no consiguió hacer al principio del partido.

En la banda John Constantine Unitas no sabe qué hacer ni hacia dónde mirar. Toda su carrera se le pasa por la mente a gran velocidad. Todas las vicisitudes, éxitos y fracasos, le han llevado hasta aquí, hasta esta tarde de enero en Miami. Sabe que debería haber un anillo reservado para él, que su talento lo merece, pero en el deporte a menudo el talento y el sacrificio no son suficientes. Los compañeros juegan un papel fundamental y en este momento no hay nadie más importante en la carrera de Unitas que Jim O'Brien. Todo está en las manos, o mejor dicho en el pie derecho, del pateador de El Paso, Texas.

El snap es bueno, la patada fuerte, el balón se eleva, la grada aguanta la respiración. Ese fondo del recinto está rodeado de palmeras altísimas que parecen estirarse aún más para ver lo que ocurre dentro del Orange Bowl. La imagen es bellísima. Los jugadores de los Colts miran el balón, los de los Cowboys, girados tras el intento de bloqueo, hacen lo propio. Ya no queda nadie sentado en todo el estadio. El balón se decanta ligeramente hacia la derecha, por momentos parece que puede irse fuera, pero acaba... ¡dentro! Los Colts estallan de júbilo. Enloquecen, corren hacia todas direcciones. Abrazan al fin los Baltimore Colts su primera Super Bowl bajo un sol de justicia tras un partido enloquecido, increíblemente tenso, plagado de errores forzados por las defensas, contundentes e intimidantes ambas. Johnny Unitas tiene al fin su anhelado y merecido anillo.

Los Colts no lograrán disputar otra Super Bowl para la ciudad de Baltimore, aunque sí lo conseguirán como franquicia tras recalar en Indianapolis, un movimiento que causó un profundo disgusto a Unitas, que deseaba más que nadie mantener a los Colts en la ciudad de la cual era el rey. De hecho, fue uno de los que más luchó en los años siguientes para que el fútbol profesional volviera a la ciudad. Lo logró finalmente en 1996 con la fundación y establecimiento de los Baltimore Ravens. Antes de fallecer en 2002, con 69 años de edad, tuvo Johnny Unitas ocasión de saborear el triunfo de sus Ravens en la Super Bowl XXXV, en batida contra los New York Giants. La estatua de Johnny Unitas, un jugador que salió de la nada para convertirse en emblema de toda una ciudad y de toda una generación de aficionados al deporte, gobierna hoy la plaza que se abre ante el nuevo MTA Stadium, hogar en el que los Cuervos disputan sus partidos como locales.

Física y mentalmente tocados tras aquella derrota, los Dallas Cowboys supieron perseverar al más puro estilo texano y al año siguiente, temporada de 1971, lograrían su primer entorchado tras conquistar la Super Bowl VI[36] ante los Miami Dolphins.

36. El triunfo permitió al receptor Bob Hayes convertirse en el único hombre capaz de ganar una medalla de oro olímpica y un anillo de campeón de la Super Bowl. Hayes, fallecido con tan solo 59 años, sigue siendo el único deportista que lo ha conseguido.

4

MIAMI DOLPHINS 1972: LA TEMPORADA PERFECTA

LARRY CSONKA

Larry CSONKA
MIAMI DOLPHINS • RUNNING BACK

HASTA LA DÉCADA DE LOS SESENTA, desde un punto de vista deportivo, el estado de Florida era conocido únicamente por albergar los entrenamientos de primavera de franquicias de béisbol tan legendarias como los Yankees o los Red Sox. Pero todo cambió en marzo de 1965 cuando Joe Robbie, un abogado y político de Dakota del Sur, adquirió los derechos para fundar un nuevo equipo de fútbol de la American Football League. Contemplaba el señor Robbie la posibilidad de ubicar la franquicia en Philadelphia, pero la AFL expresó sus intenciones de iniciar su expansión por el estado de Florida: en aquella época la población de la Florida estaba creciendo mucho, generando con ello un mercado todavía sin explotar que sin duda demandaría su cuota de equipos profesionales. Tras un concurso en el que participaron unas 20.000 personas, la nueva entidad quedó bautizada bajo el apelativo «Dolphins», nombre sugerido al parecer por un total de 600 participantes. En el estreno de la franquicia se congregaron poco más de

25.000 personas en el estadio Orange Bowl, un recinto con capacidad para más de 80.000 aficionados. La fiebre no había contagiado aún a la ciudad.

Aunque la puesta en escena a nivel deportivo fue memorable, con Joe Auer recogiendo la patada inicial y marcando un touchdown de 95 yardas, los primeros años de los Miami Dolphins fueron desalentadores. Con tino y paciencia, casi como orfebres, los directivos realizaron año tras año buenas elecciones de draft que ayudaron a consolidar lentamente el proyecto: en 1967, en el histórico primer draft conjunto entre la NFL y la AFL, Miami reclutó a Bob Griese, quarterback de la Universidad de Purdue. Al año siguiente, eligieron en la octava posición al running back de Syracuse Larry Csonka, y doce meses después, llegó desde los Boston Patriots[37] Nick Buoniconti, un linebacker muy móvil que se convertiría en uno de los pilares defensivos del equipo. En 1970 remataron el trabajo con una jugada maestra. A cambio de la primera elección del draft de aquel año, se hicieron con los servicios del entrenador Don Shula, el hombre que había marcado una época en los Baltimore Colts entre 1963 y 1969.

En la primera rueda de prensa bajo el sol del trópico, Shula comentó que no tenía recetas mágicas y que solo creía en el trabajo duro. Ya en la pretemporada quedó

---

37. Fundados el 16 de noviembre de 1959 por el industrial William Sullivan, que había logrado retener los derechos de explotación de la octava y última plaza de franquicia disponible de la AFL, fueron nombrados «Patriots» en referencia a las Trece Colonias que se alzaron contra la administración británica en julio de 1776 en el marco de la Revolución Americana. La franquicia mantendría el nombre de «Boston Patriots» hasta su traslado a Foxborough, momento en el que, en homenaje a la región, cambiaron su denominación convirtiéndose en los actuales New England Patriots.

patente que iba a cumplir fielmente con su diagnóstico: trabajo, trabajo y más trabajo. Hacía cuatro entrenamientos al día, algo que en la NFL actual resultaría ilegal. Él era la única voz, presumía de poseer el control total del vestuario y solía decir: «Todo lo que hacemos, lo hacemos por una razón». En los entrenamientos Shula, un maníaco obsesionado por los detalles, parecía estar poseído. No se le escapaba absolutamente nada. Controlaba lo que sucedía a su lado y al mismo tiempo se enteraba de lo que ocurría a 50 metros de distancia. Su ética de trabajo, la intensidad, la exigencia, no parecían de este mundo. Con él cada día era una lucha, una epopeya, una superación. Muy pronto llegarían los resultados. Los jugadores empezaron a correr y ganar. Veían con orgullo cómo sus sobrehumanos esfuerzos se traducían en espectaculares actuaciones domingo tras domingo. Shula obtuvo en su temporada de debut siete victorias más que en el anterior curso para los Dolphins. Los diez triunfos les regalaron el boleto para los playoffs. Los jugadores habían encontrado a su adalid. En 1971, los Delfines volvieron a playoffs dispuestos a escribir alguna de las mejores páginas de la historia de la NFL.

El partido de la ronda divisional contra los Chiefs, celebrado el día de Navidad de 1971 en Kansas City, marcaría un antes y un después para los de Miami. Sin parangón todavía, aquel acabaría siendo el encuentro más largo de la historia del fútbol americano con 82 minutos y 40 segundos de juego reglamentario con el añadido de una doble prórroga. Los Dolphins, gracias a la conexión entre Bob Griese y Paul Warfield —uno de los receptores más elegantes del juego— contrarrestaron las carreras de un imparable Ed Podolack. El partido se fue a la prórroga.

Nadie consiguió marcar. Un vendaval de oportunidades frustradas. En el segundo alargue finalmente llegó el field goal que llevaría a los Dolphins a la final de la American Football Conference[38]. Una semana después, en el Orange Bowl de Miami, los Dolphins barrieron a los Colts y se clasificaron por primera vez para la Super Bowl. El 16 de enero de 1972, en el Tulane Stadium de Nueva Orleans, Don Shula conoció su segunda derrota en un gran baile, esta vez ante los Dallas Cowboys de Tom Landry, que les vapulearon 24 a 3 tras una gran actuación de su quarterback Roger Staubach. El revés en la Super Bowl VI fue a la postre una de las claves de lo que ocurriría poco después. Sin pretenderlo, los Cowboys habían empujado a los Dolphins hacia la perfección.

A pesar de la derrota, la afición de Miami estaba feliz tras una campaña histórica y quisieron organizar un desfile en agradecimiento a los jugadores. Pero Shula se negó: «Lo haremos cuando ganemos una Super Bowl; ahora no hay nada que festejar». Como diría más tarde el defensa Manny Fernández: «La temporada 1972 de los Miami Dol-

---

38. La patada la dio Garo Yepremian, un chipriota con antepasados armenios que había emigrado a Estados Unidos con su hermano Krikor. La historia de Yepremian es bien curiosa. Los primeros días en el nuevo mundo no fueron muy satisfactorios, pero una tarde Garo vio unos minutos de un partido de fútbol por televisión y se le iluminaron los ojos. Llamó a su hermano espetándole haber encontrado la clave del éxito. Krikor se transformó en su agente y, tras alguna que otra burlesca peripecia, en 1966 lograron un contrato con los Detroit Lions. Garo, un exjugador de fútbol europeo, no sabía absolutamente nada de fútbol americano. Tan poca idea tenía que alguna vez se le escapó alguna frase tan insólita y disonante en el argot futbolístico como «¡He pateado un touchdown!», frase que el *Tonight Show* de Johnny Carson, el late-show más célebre de esos años, contribuyó en hacer mítica. Pero Garo no era mal jugador. En su mejor temporada transformó seis field goals en un solo partido. El chipriota jugó en los Dolphins de 1970 a 1978.

phins arrancó aquella noche de enero de la Super Bowl VI en Nueva Orleans».

En el primer día de entrenamiento del siguiente curso, temporada de 1972, Shula puso el listón muy alto: «Tenemos que acabar la temporada invictos». Tal cual. «¿Lo creía de verdad?», se preguntaba recientemente el antiguo running back de los Dolphins Larry Csonka. El equipo de Miami basaba su potencial en una defensa que se movía como un único hombre y que pasaría a la historia como la «No Name Defense», la defensa sin nombres, porque la fuerza estaba en el conjunto. Este apelativo subrayaba una característica muy clara: en este equipo no había egos, todos trabajaban solidariamente con el único objetivo de lograr la perfección. Otra característica de esos Dolphins era su devastador juego de carrera, perfectamente dirigido por el quarterback Bob Griese.

El primer partido de la temporada de 1972 coincidió con la inauguración del nuevo Arrowhead Stadium de Kansas City. Bajo un calor abrasador, los Dolphins mandaron una señal inequívoca a toda la NFL: los Delfines iban a por todas. Las buenas sensaciones se confirmaron en el primer partido en casa tras propinar un baño a los Houston Oilers. En la tercera semana, Larry Csonka, running back de cuerpo portentoso y fuerza avasalladora, fue machacado contumazmente en Minneapolis por la defensa de los Vikings. Los Dolphins iban perdiendo 14-6 en el último cuarto cuando Yepremian enchufó una patada de 51 yardas que recortó la desventaja. A continuación, Bob Griese, con su calma habitual, guio a los suyos al drive del triunfo. El partido acabó 14-16.

En la cuarta semana vapulearon a los Jets de Nueva

York. El desinterés por los éxitos personales y el altruismo eran la quintaesencia de la filosofía de ese equipo. En cada jornada aparecía un héroe distinto. Cuando el quarterback Bob Griese se lesionó gravemente la rodilla derecha durante la quinta jornada, Shula se encomendó a Morrall. Sí, Morrall, el hombre que había pilotado a los Colts en la Super Bowl III sustituyendo a Johnny Unitas y que se había estrellado contra Namath. Por aquel entonces, Morrall ya tenía 38 años y no le faltaba experiencia, pero su físico generaba dudas. En un par de drives quedaron despejadas. Justo después de amarrar su casco, entregó un par de pelotas perfectas que significaron dos touchdowns y el triunfo. Morrall había encajado de maravilla en el engranaje de Shula. En la novena fecha del año, los Dolphins destrozaron a los Patriots 52-0, con tres touchdowns del running back Mercury Morris. Esta descomunal paliza significó la victoria número 100 en la carrera de Don Shula.

La presión aumentaba a cada partido, pues todo el mundo se conjuraba para derrotarlos, pero los Dolphins seguían como una apisonadora, tumbando franquicias, una tras otra. En la semana 10, peligró el récord inmaculado, pero un touchdown en carrera de Morrall y otro de Mercury Morris sentenciaron a los Jets. Desde este encuentro en adelante la cabalgada hacia la perfección siguió sin demasiados apuros. El último partido de la temporada enfrentó a Shula contra sus Colts. Los Dolphins ganaron dejando a los de Baltimore a cero. Era la tercera vez consecutiva que endosaba semejante humillación a su antiguo equipo.

La presión no hizo sino aumentar en los playoffs. En

el primer encuentro, los peligrosos Cleveland Browns les plantaron cara en Miami. Los de Shula supieron controlar bien la primera mitad, silenciando a la ofensiva del equipo de Ohio y anotando gracias a una gran acción de Charlie Babb, que bloqueó un intento de patada y corrió para anotar el touchdown. La segunda parte fue un toma y daca. Cuando Fair Hooker anotó tras un pase de Mike Phipps, el miedo se apoderó de las gradas. Una carrera del running back Jim Kiick espantó por fin los fantasmas y regaló a los anfitriones la final de Conferencia. Los Dolphins seguían inmaculados[39].

El partido de Campeonato ante los temibles Steelers se jugó en el mítico Three Rivers Stadium de Pittsburgh. Por aquel entonces existía la regla de la alternancia anual entre canchas para albergar las finales de Conferencia[40]. Pocas horas antes de la contienda, Manny Fernández había vivido momentos muy dramáticos. Manny, un defensor salido sin mucho ruido de la Universidad de Utah, se había convertido en un baluarte bajo las órdenes de Shula. A falta de un par de horas para el arranque del encuentro, desconocía todavía la condición en la que se encontraba su esposa, azafata de vuelo de la Eastern Air Lines, tras

---

39. Shula había conseguido juntar a tres enormes running backs en la misma plantilla. Tenía a Larry Csonka, duro como el mármol que, si bien parecía estar siempre recién salido de un concierto de los Beach Boys, cuando iniciaba una carrera era casi imposible desplazarlo de su trayectoria; brutal, terco, arrollaba a todos los que se atrevían a interponerse en su camino. A Csonka se sumaban los eternos Mercury Morris y Jim Kiick. Shula había logrado un equilibrio perfecto ofreciendo minutos importantes a todos ellos. Los tres se sentían importantes. Los tres triunfaron juntos.
40. Por esta regla, ya desaparecida, los Delfines, pese a tener el mejor récord de temporada regular, no jugaron la final de Conferencia en su feudo.

el accidente aéreo[41] acontecido en las inmediaciones del aeropuerto internacional de Miami aquella misma noche. Pocos minutos antes del inicio del encuentro recibió la feliz noticia de que su mujer no había llegado a embarcar en aquel vuelo. Tras el descanso, con 7-0 en el marcador para los Dolphins y un despliegue algo anodino de fútbol por ambas partes, Shula tomó una decisión de impacto. Sentó a Morrall, que hasta aquel momento y desde la quinta semana de temporada regular había manejado admirablemente a los Dolphins, y envió al frente de batalla a un Griese ya recuperado de su lesión. Pero en esta ocasión el héroe sería un punter, el jugador que ejecuta las patadas de alejamiento. Larry Seiple amagó con patear para alejar la pelota, pero se quedó con el balón, engañó por completo a la defensa de los Steelers y conquistó el primer down en un drive que a la postre acabaría en touchdown. La jugada se convirtió al instante en un clásico de los playoffs. Los Dolphins acabaron ganando el partido 16-0 y sellaron su pase a la Super Bowl.

En los días previos a la Super Bowl VII que les enfrentaría a los Washington Redskins, Don Shula rozaba la paranoia, escrutando los aviones que sobrevolaban las canchas de entrenamientos de los suyos. Endemoniado, enloquecido, maníaco absoluto del control, sospechaba la existencia de maniobras de espionaje de los rivales. Curiosa-

---

41. El vuelo 401 de la Eastern Air Lines despegó del aeropuerto JFK de Nueva York a las 21:20 con 163 pasajeros a bordo y 13 miembros de tripulación. A las 23:32, aproximándose ya a destino, el personal de cabina no se percató de la desconexión del piloto automático y el avión fue perdiendo altitud hasta impactar contra tierra en la región pantanosa de los Everglades. Un total de 101 personas fallecieron y 75 resultaron heridas.

mente, los Dolphins, pese a llegar invictos, no gozaban del favor de los expertos. Se decía que Shula había ya perdido una Super Bowl contra todo pronóstico y que las dos veces precedentes en que había sido invitado al gran baile, siempre había fracasado. Los Redskins arrancaban ligeramente favoritos en los pronósticos. El partido, disputado en el Memorial Coliseum de Los Angeles el 14 de enero de 1973, empezó con dominio de las defensas. Con la pelota en las 46 yardas del territorio de Miami, los de Shula pretendieron una play-action que fue perfectamente leída por los Redskins, que tumbaron por primera vez a Griese. Las retaguardias de los dos equipos eran las claras protagonistas del duelo. El Dolphin Manny Fernández, autor del mayor número de tackles en la temporada, se encontraba pletórico y ayudó a detener otra arremetida de los Redskins. La siguiente posesión rompió el equilibrio. Jim Kiick logró un significativo primer down gracias a una excelente carrera a partir del dispositivo doble running back, tan apreciado por Shula. Poco después, un fantástico Griese encontró a Owens con un pase de terciopelo cerca de la banda izquierda. En un tercero y cuatro, en las 28 yardas de territorio enemigo, Griese gozó de una gran protección y con ojos de lince vislumbró el fantástico recorrido del número 81, Howard Twilley, que corrió en un primer momento hacia dentro para virar de pronto hacia fuera y engañar a su marcador. El lanzamiento de Griese no fue el más ortodoxo, pero Tweley saltó, controló y aterrizó cerca de la end zone, que pisó un segundo después. El punto adicional del chipriota Garo Yepremian colocó el 7 a 0 para Miami.

Las siguientes acometidas de los Redskins no fueron

mucho mejores que las anteriores y los Dolphins tuvieron una oportunidad inmejorable de ampliar la distancia antes del descanso. Griese se mantenía perfecto con un 5 de 5 en pases y en los últimos dos minutos del segundo cuarto volvió a emocionar a los más de 90.000 espectadores que abarrotaban el Memorial Coliseum: Jim Mandy se lanzó en plancha y atrapó un obús del propio Griese hacia la banda en un delicado tercer down. Fue una recepción asombrosa que desató el jolgorio en el recinto californiano. Mandy había jugado únicamente un partido y medio en los últimos tres meses, y Shula hizo lo que pocos esperaban: designarlo como opción principal de aquella jugada. Miami se veía en condiciones de poder doblar la ventaja y su entrenador dibujó la clásica formación con los dos running back en código alerta: Griese dejó la pelota perfectamente para Kiick, que cruzó con solvencia la línea de touchdown. Yepremian fue de nuevo el encargado de anotar el punto adicional. 14-0 Miami.

En la primera posesión de la segunda mitad, los Redskins llegaron finalmente a las 42 yardas de Miami, algo que no había ocurrido en la primera parte. A continuación, se produjo una tremenda recepción del número 80 Jackson. De repente la bola estaba en las 28 yardas de los Dolphins. Otro pase lateral y otro primer down. No dudaron los de Washington en intentar acceder a la end zone con una excelente trayectoria de Charlie Harraway que, sin embargo, no logró atrapar la pelota, cazado bajo una excelente doble cobertura de los sólidos defensores de Miami. Los Redskins intentaron chutar, pero su pateador, bajo una desmedida presión de los rivales, mandó el balón lejos de los palos. Intentona fracasada.

La primera posesión de los Dolphins en el segundo tiempo fue breve, pero un fantástico punt obligó a los Redskins a arrancar nuevamente desde una posición poco ventajosa. Los capitalinos intentaron pases largos, pero era casi imposible sorprender a los Dolphins en profundidad. Su defensa se mostraba infranqueable. Washington lo intentaba, pero no podía. La Super Bowl VII parecía finiquitada, aunque la noche todavía tenía reservada una pequeña sorpresa.

Con dos minutos y 38 segundos por jugar y una ventaja de 14-0, Yepremian tenía ante sí la oportunidad de patear un field goal que hubiera significado el 17-0. Para los amantes de las casualidades y los acertijos numéricos, hubiese sido casi esotérico ganar 17-0 el último encuentro de una temporada que totalizaría, entonces, justamente 17 victorias y 0 derrotas. Pero el destino tenía preparadas otras sorpresas. La patada del jugador chipriota fue bloqueada por las manos de Bill Brundige y aunque el balón volvió a las manos de Garo Yepremian, acabó escurriéndosele. Mike Bass, muy atento, agradeció el regalo, se apoderó del ovoide y se lanzó a correr hasta el touchdown. 14-7. En la sucesiva posesión, los Dolphins no fueron capaces de finiquitar el encuentro, brindando así una última oportunidad a sus contrincantes.

Los Redskins lo intentaron todo, pero se estrellaron de nuevo con la defensa de Miami. Los de Shula eran campeones y se registraron fiestas por toda la Florida porque el equipo no representaba solo a Miami, como ya se pronosticó en su día en los despachos de la AFL, sino que portaba consigo el orgullo de todo un estado. Don Shula volvía a la ciudad como héroe al fin. Todavía en pie en la escalinata del avión que había transportado de California a Florida a los nuevos y flamantes campeones, declaró: «Aquí tenéis el Trofeo Vince Lombardi. Una campaña de 17-0 lo dice todo, este es el mejor equipo de todos los tiempos en el fútbol profesional».

Cuando arrancó la pretemporada de 1973, el todopoderoso entrenador de Miami dejó claro que no iba a permitir que nadie se durmiera en los laureles. El objetivo era ganar la segunda Super Bowl consecutiva. Los jugadores titulares del año anterior seguían en la plantilla y estaban tan hambrientos como antes, inspirados por el hombre poseído y su concepto de juego colectivo.

En la primera jornada, Miami logró una victoria contra los 49ers con una gran remontada en el último cuarto. El domingo siguiente, sin embargo, acabaría la racha de victorias precisamente en California al perder contra los Raiders —su primera derrota desde la dolorosa Super Bowl VI ante Dallas—, pero la capitulación no alteró un ápice a la plantilla. Una decena de victorias seguidas, acompañada de una media de ventaja de 17 puntos por encuentro, les acabaría valiendo un nuevo título de conferencia.

En primera ronda de playoffs, derrotaron a los Cincinnati Bengals y se clasificaron para su tercera final consecutiva del Campeonato de la AFC, donde de nuevo recibirían a los Oakland Raiders de John Madden en el Orange Bowl. Aquel día, los de Miami corrieron 292 yardas contra la defensa más dura de la liga mientras Griese lanzó apenas seis veces. No necesitaron más. Los Dolphins dominaron el partido y lograron la clasificación para la Super Bowl VIII, su tercera consecutiva.

La octava edición de la Super Bowl tuvo lugar en el Rice

Stadium de Houston, el 13 de enero de 1974. Los Dolphins se enfrentaban a los Minnesota Vikings. La noticia más chocante en los días previos al partido fue el vaticinio de *Sports Illustrated:* en un sorprendente alarde de nigromancia, la revista pronosticó la victoria de los Vikings, aunque las casas de apuestas ofrecían una media de seis puntos y medio de ventaja a favor de los Dolphins.

Ganaron los Dolphins ya en el lanzamiento de moneda, algo que les había sucedido en todos los partidos de la temporada excepto en uno. Morris y Csonka fueron los grandes protagonistas del primer drive con un excelente juego de carrera. A cinco yardas de la end zone, Griese amagó con abastecer a Morris y dejó la pelota a Csonka, que marcó el primer touchdown de la noche. Este drive sintetizaba el mal trago que acabarían pasando los Vikings durante el resto del encuentro.

Csonka y Mercury formaban un dúo letal que se movía por detrás de una de las mejores líneas ofensivas de la liga, apodada «The Expendables» dado que los cinco titulares habían sido despedidos o transferidos por sus franquicias de procedencia antes de recalar en los Dolphins. En la segunda posesión, Griese mandó una parábola impecable a las manos de Briscoe, que prepararon la mesa para el touchdown de Kiick. Fue una clase magistral de fútbol. El ataque de los Dolphins machacó a la defensa con los mejores registros de la temporada en la National Football Conference. Griese lanzó solo siete pases pero completó seis. Csonka fue elegido mejor jugador de un partido que concluyó con un contundente 24-7. Desde la banda, Shula ovacionó a muchos de sus veteranos en los últimos minutos. Abrazó a todos. Uno a uno. Dijo más tarde que, sin lugar a dudas, aquellos Dolphins eran mejores que los del año anterior. Y no le faltaba razón. Los Dolphins seguían haciendo historia. La epopeya de Shula en Miami se prolongaría hasta alcanzar un total de 23 temporadas en el banquillo. En 1983, sus Dolphins volverían a la Super Bowl por cuarta vez, pero en esta ocasión cayeron ante los Washington Redskins. Dos años después llegarían por última vez, justo en los inicios de la época de Dan Marino. El juego de Shula fue cambiando y modificándose con el paso de los años, y los Dolphins lograron mantenerse en la élite hasta 1995, año en que aquel hombre poseído por el feroz demonio del fútbol, nacido en Grand River, Ohio, decidió poner punto y final a su carrera profesional[42].

El 4 de mayo de 2020, Donald Francis Shula, el entrenador con más victorias en la historia de la liga[43], con una larguísima carrera que abarca desde Johnny Unitas hasta Dan Marino, fallecía en Indian Creek, uno de los barrios más lujosos de Miami, a los 90 años de edad. A pocos kilómetros de ahí, en el exterior de la cancha actual de los Dolphins, el Hard Rock Stadium, situado en el número 347 de la Don Shula Drive, se levanta una preciosa estatua que representa a dos jugadores de los Delfines levantando a su entrenador después de completar la única temporada perfecta en la historia de la liga. En el pedestal las palabras «Un momento perfecto en el tiempo» son el testimo-

---

42. En sus 33 años como entrenador profesional, Shula computó únicamente dos temporadas perdedoras.
43. Shula consiguió 328 victorias. El segundo en la lista, con 318, es George Halas, el histórico entrenador de los Chicago Bears.

mio imperecedero de la felicidad que regalaron Shula y los
Dolphins a todo el estado de Florida en aquellos dos años
inolvidables.

5

LA «IMMACULATE RECEPTION» Y EL DOMINIO DE LOS STEELERS

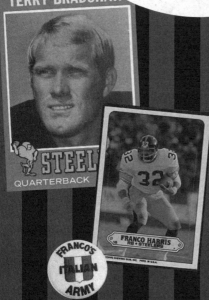

EL ENCUENTRO CELEBRADO EN EL COLOSAL Three Rivers Stadium[44] de Pittsburgh que enfrentó a los locales Steelers con los Oakland Raiders en la ronda divisional de 1972 fue una auténtica batalla defensiva. A falta de un minuto y 17 segundos, los Steelers se esforzaban por administrar una ventaja de 6-0 cuando Ken Stabler, quarterback de los Raiders, cortó el aire invernal tras completar una carrera de 30 yardas y anotar un magnífico touchdown para los visitantes. El miedo se apoderó de la parroquia amarilla y negra, que arrastraba cuarenta largos años de sinsabores a sus espaldas. Grada y jugadores vislumbraban un nuevo

---

44. Fue bautizado así por encontrarse en la confluencia de los ríos Allegheny y Monongahela, que, desde ese punto, dan origen al río Ohio. Este recinto fue también conocido como «La Casa que Construyó Roberto Clemente», parafraseando el famoso «La Casa que Construyó Babe Ruth» en referencia al Yankee Stadium. Los Steelers y los Pirates jugaron en esta instalación desde 1970 hasta el año 2000. A partir de entonces, fueron construidos dos nuevos estadios: el Heinz Field, para la práctica exclusiva del fútbol, y el PNC Park, reservado al béisbol, ambos ubicados en la misma zona de la ciudad y con vistas al Golden Triangle, centro urbano de Pittsburgh.

fracaso. «Aquel era un equipo que regularmente encontraba la manera de perder partidos», comentaría años después el capitán Andy Russell.

Con 22 segundos por disputar, Terry Bradshaw, el mítico quarterback de Pittsburgh, se enfrentaba a un cuarto down desde las propias 44 yardas: una ocasión perfecta para comprobar la fatalidad de los Acereros. El entrenador no arriesgó y diseñó una clásica jugada de pase, pero eligió como receptor a Barry Pearson, un muchacho que debutaba aquel día en la NFL. Tras el snap, Bradshaw no vio clara esa primera opción de pase, ni la segunda, y empezó a moverse hacia su derecha. Entre tanto, dos hombres con sendas calaveras en el casco, Tony Cline y Horace Jones, llegaban como águilas en picado a darle caza. La jugada estaba rota y Bradshaw tuvo que lanzar un pase desesperado para el halfback John Fuqua. Lo que ocurrió a continuación fue cómico y surreal. En el momento en que la pelota volaba en trayectoria descendente, el safety Raider Jack Tatum se dio de bruces contra Fuqua, el golpe mandó a Fuqua a la lona y el ovoide tomó una trayectoria imprevisible que cogió por sorpresa incluso al cámara de la NBC.

El partido parecía acabado y la victoria Raider un hecho, pero el running back de los Steelers Franco Harris tenía otros planes. O tenía otra visión. O tenía otra intuición. O todo ello a la vez en una de esas sumas que solo se dan en los momentos de la mejor épica deportiva. En un principio, Harris debía ejercer de bloqueador en aquella jugada, pero al ver el desarrollo de la acción había optado por alejarse de su área natural y ofrecer así una opción más de pase a Bradshaw. Guiado por su intuición, fresco y atrevido, siendo aquella su primera temporada como profesional, Harris anticipó la posición en la que la pelota acabaría tras los giros y extraños. Fue, literalmente, la única persona dentro o fuera del Three Rivers Stadium que supo procesar la dinámica y mecánica de lo que estaba aconteciendo, Franco Harris se adueñó del preciado ovoide justo antes de que tocara el suelo estirando los brazos hacia abajo.

Una vez asegurada la posesión, el running back de origen italiano se valió de su poderoso físico para superar a Gerald Irons, se lanzó al galope y adelantó el brazo derecho lateralmente para solventar la última y desesperada presión de Jimmy Warren. ¿Touchdown? ¡Sí! Cuando cruzó la marca de la end zone, la muchedumbre del Three Rivers Stadium se lanzó a una enloquecida invasión de campo. Con 13-7 para el equipo local, los de Pittsburgh accedían al partido de Campeonato de la AFL de 1972.

Tras las duchas, los años, el reposo, la gran pregunta sigue siendo: ¿quién tocó la pelota lanzada por Bradshaw mientras el Steeler Fuqua y el Raider Tatum se atropellaban mutuamente? Esa es la cuestión. Si el ovoide hubiera tocado a Fuqua sin haber rozado a Tatum, la recepción de Franco Harris no hubiera sido legal. Por otro lado, si la pelota hubiera dado solo contra el cuerpo de Tatum, o incluso tocado o rebotado contra los cuerpos de ambos, la recepción sería legal. Por aquel entonces, el reglamento especificaba que cuando un receptor tocaba la pelota, se convertía en el único que podía atraparlo en la misma jugada, mientras que si un jugador de la defensa hubiera tocado primero el ovoide, simultáneamente o después de haberlo hecho un receptor, este podía ser atrapado por cualquier otro jugador del ataque. Esta regla acabaría siendo anulada seis años más tarde.

Pero este no fue el único debate al que debieron enfrentarse los colegiados. La otra gran cuestión aún no dilucidada hoy en día es si Franco había atrapado la pelota sin que esta hubiera tocado el césped. Harris sigue diciendo a día de hoy que no lo sabe, que ni idea, y no hay imágenes de la NBC que aclaren el asunto. Además, en directo no se vio el momento en que Harris recogía la pelota y las imágenes que fueron difundidas en las semanas siguientes no despejaron las dudas. Existe por tanto la posibilidad de que la pelota hubiera tocado el césped antes de llegar a manos de Franco Harris, cosa que habría invalidado la jugada. De los cinco árbitros, solo Burk dio por bueno el touchdown sin dudar. Se produjo entonces una obligatoria reunión de consenso entre los colegiados. Debatieron. Pat Harder acabaría apoyando el punto de vista de Burk, defendiendo la validez de la jugada y sosteniendo que la pelota había sido tocada por ambos jugadores. Los otros tres colegiados, en cambio, se mostraban o bien en desacuerdo o al menos se confesaban incapaces de asegurar una opción u otra. En aquellos días no se contaba con el auxilio de la tecnología.

Empezaba a cundir el pánico, como una oleada de horror, una maldición; el estadio de los Tres Ríos era una caldera delirante. Como suele suceder en estos casos, la tensión curvó la realidad hacia el surrealismo semigrotesco. El árbitro Fred Swearingen se acercó a la línea lateral de los Steelers y preguntó al responsable, Jim Boston, si podía conseguirle un teléfono. Boston acompañó al árbitro hasta uno de los banquillos de béisbol, esa especie de trincheras porticadas que se gastan los del deporte del diamante. Esos banquillos siempre están equipados con líneas de teléfono para que los entrenadores puedan conversar con los técnicos encargados de monitorizar los calentamientos de los lanzadores relevistas. Aunque en aquel banquillo había una pequeña pantalla en la que el árbitro hubiera podido ver la jugada nuevamente, no vio el señor Swearingen la necesidad de hacerlo. Así que cogió el aparato y marcó el número del responsable de los árbitros de la NFL. ¿Quién contestó a la llamada? Bien pudo ser el dueño de los Steelers: fuese quien fuese pasó el aparato al señor McNally, en la época autoridad máxima del estamento arbitral. Lo que se dijeron en aquella llamada quedará para siempre como uno de los grandes enigmas de la historia de la NFL.

Los documentales que se realizaron en los años posteriores contribuyeron a agrandar la leyenda de ese momento. A la luz emergieron múltiples versiones. Muchos jugadores de los Raiders sospechaban que a Swearingen lo que le preocupaba era su seguridad y la del equipo arbitral e insinuaban que el objetivo de su llamada era confirmar si había suficientes efectivos policiales en el estadio para garantizar tanto la seguridad de los jugadores como la de los colegiados si se decretaba la jugada como pase incompleto y los Steelers acababan perdiendo el partido. Según esta teoría del vestuario de Oakland, confirmando que efectivamente no había suficientes fuerzas del orden para escoltar con garantías a los implicados, la decisión arbitral final se mantuvo favorable a los intereses de los Steelers.

Myron Cope, histórica voz de la franquicia de Pittsburgh, bautizó la jugada como «The Immaculate Reception». Una recepción inmaculada que blanqueaba la leyenda y la liberaba, la trascendía a los altares. Los ingeniosos aficionados de los Raiders, por su parte, contraatacaron con su propia versión de los hechos: «The Immaculate Deception», el inmaculado engaño. Decretado así el término final del partido, la locura pudo desatarse definitivamente en Pittsburgh, sin trifulcas ni escapadas en globo. En su cuarta temporada como entrenador de los Steelers, Chuck Noll había logrado inyectar al fin la sabia del éxito en la Ciudad del Acero. Aquella primera victoria en un encuentro de postemporada se llevaría también por delante la barrera emocional que había contenido a franquicia y aficionados durante tantos años. Pero la misión a la que había sido llamado Noll iba mucho más allá. Su objetivo era instaurar una dinastía.

Crecido en Cleveland durante la Gran Depresión de los años 30, Charles Henry Noll era un hombre hermético y su vida privada, un absoluto misterio. Hablaba con los periodistas solo porque su contrato se lo obligaba, y sin decir absolutamente nada cada vez. La gran mayoría de sus jugadores, sin embargo, coincidía en describirlo como un tremendo instructor. Noll había aprendido las artes secretas del entrenamiento en los dos años (1966-1968) que pasó en los Colts como coordinador defensivo bajo las órdenes del gran Don Shula. Su método como comunicador era el de la vía directa. En su primer día como entrenador de los Steelers en 1969 espetó a sus jugadores: «No ganáis porque no sois suficientemente buenos». La primera preocupación de Noll fue construir un equipo ganador y para ello se basó en una de sus mejores dotes: su capacidad para detectar potencial y talento. Noll demostró una insultante sabiduría e intuición en cada elección de draft, dio la vuelta a la plantilla durante sus primeros años y, tras tres campañas perdedoras, pudo entregar a los Steelers y a su gente un primer tiento de lo que estaba por venir.

Su primera gran elección fue el intimidante defensive tackle Joe Green, con el número cuatro en el draft de 1969. La selección de Green fue muy cuestionada por la prensa, pues se trataba de un jugador desconocido y con un juego poco vistoso. Pero Noll tenía las ideas muy claras, y no tenía prisa ni pensaba dejarse presionar. Construir un equipo ganador pasará siempre por una defensa sólida, y nadie mejor que Green representaba esa mentalidad. Bonito o feo, fluido o duro, para Chuck Noll el auténtico espectáculo era ganar. Sabía también Noll qué jugadores que ya formaban parte de los Steelers podrían quedarse en la plantilla. Tal fue el caso de Russell, que sería lentamente moldeado por su entrenador. Haciendo gala de su tacto comunicativo, en su momento le anunció: «No me gusta como juegas. Eres demasiado agresivo y estás obsesionado en conseguir big plays[45]. Yo te enseñaré a ser disciplinado y te haré mejorar». En 1970 llegó Terry Bradshaw. Noll necesitaba a un quarterback de calidad y Bradshaw era su gran apuesta.

Aquel 1972 había llegado desde Penn State Franco Harris. Ningún running back corrió más que Harris en la historia de los playoffs. En su primera temporada, Harris conquistó más de 1000 yardas, atrapó la pelota de la rece-

---

45. Una big play es aquella jugada que tiene el poder de provocar el cambio de signo en un partido. Un jugador que acostumbra a intentar excesivas jugadas de este tipo, desatendiendo la continuidad y fluidez necesarias para hilvanar poco a poco el ataque, puede perjudicar los intereses de su equipo.

pión inmaculada e impulsó al equipo hacia la postemporada por vez primera desde la llegada de Chuck Noll cuatro años antes. De padre afroamericano y madre italiana,
Harris enseguida había sido acogido cariñosamente por la
hinchada de Pittsburgh, en particular la extensa comunidad llegada del país transalpino. Tony Stagno y Al Vento,
dos pizzeros locales que ansiaban más energía y ambiente
en las gradas del Three Rivers, crearon un grupo de ani-
mación en su honor al que bautizaron como «Franco's Ita-
lian Army». Los miembros del ejército italiano de Franco
solían acudir a los partidos con cascos de guerra, banderas
de Italia y pancartas que decían cosas como «*Run*, paisano,
run». También entraban vino y comida en el estadio y convirtieron los partidos de casa en una fiesta. Eran, con diferencia, los aficionados más ruidosos y llamativos del Three
Rivers.

Si ganaban el último partido de la temporada regular de
1972 ante San Diego, los Steelers accederían por primera
vez en los playoffs. Era una oportunidad única y Noll decidió que el equipo pasara la semana previa al encuentro en
Palm Springs para aclimatarse. Stagno y Vento aprovecha-
ron la ocasión para viajar con el equipo. Y tuvieron una
idea: nombrar general del ejército a... ¡Frank Sinatra! Los
dos pizzeros se pusieron manos a la obra y, con la ayuda
del locutor radiofónico Myron Cope, consiguieron con-
tactar con el *crooner* de Nueva Jersey, que les aseguró que
se acercaría a Palm Springs para conocer a Harris y a los
fundadores del ejército. Ante la sorpresa general, el cantante más famoso de la historia apareció una mañana por
el campo de entrenamiento. Stagno y Vento, con banderi-
tas italianas en la mano, le entregaron con toda la pompa

que requería el momento un casco de guerra y le nombraron general del ejército italiano de Franco. Misión cumplida. Unos días más tarde, Pittsburgh derrotó a domicilio a San Diego y se clasificaron por primera vez para playoffs, donde derrotaron en el divisional a los Oakland Raiders en el partido de la inmaculada recepción. Tras vencer a los de Madden, los Steelers perdieron contra los Dolphins en la final de Conferencia de 1972, pero algo había cambiado en la franquicia de Pittsburgh.

El draft de 1974 fue memorable: los Steelers cerraron cuatro elecciones que acabarían, una tras otra, en el Hall of Fame: los receptores Lynn Swann y John Stalworth, el centro Mike Webster y el linebacker Jack Lambert. Difícilmente se puede tener mejor ojo. John Stallworth, con su elegancia y habilidad a la hora de cazar balones quiméricos, fue un auténtico robo en la cuarta ronda. En sus primeras seis temporadas en el banquillo de los Steelers, Chuck Noll acabaría eligiendo en el draft a nueve futuros miembros del Salón de la Fama.

En el arranque de la temporada de 1974, todo estaba listo para trepar hasta la cima. El curso discurrió entre el gran nivel defensivo y los problemas en la posición de mariscal. Por aquellos días se acuñó la famosa expresión «Steel Curtain», cortina de acero[46], para referirse a la línea defensiva que conformaban Joe Green, la pieza clave del

---

46. Bonito juego de palabras considerando que la ciudad de Pittsburgh había logrado su fortuna gracias a la industria del acero. Siendo además aquellos unos años de plena guerra fría, la noción del Telón de Acero era por todos conocida: en sí una frontera física (representada por el Muro de Berlín) e ideológica, dividiendo al bloque socialista del mundo occidental. Un muro casi insalvable, exactamente como la defensa de los Steelers.

equipo, L.C. Greenwood, un defensive end que hacía del sack un arte, Dwight White, apodado «Mad Dog» por su intensidad, y Ernie Holmes, el que más atemorizaba a los rivales. La conexión entre el equipo, duro como el acero, y la ciudad, era total. Bradshaw era un talento increíble, pero cometía demasiados errores. Tres quarterbacks fueron turnándose durante aquella temporada.

Los playoffs de 1974 se presentaban como un duelo entre Raiders y Dolphins, pero Chuck Noll y los Steelers se sentían preparados para dar un paso adelante. Por su lado del cuadro, los Buffalo Bills de O.J. Simpson tenían el favor de las apuestas en su cruce contra Steelers, ya que según la prensa los Acereros carecían de quarterback. Pero a la hora de la verdad la defensa de Pittsburgh extenuó a la estrella de Buffalo y Bradshaw acabó silenciando a sus críticos cuajando el mejor partido de su carrera hasta aquel momento. En la final de Conferencia les esperaban los Raiders de John Madden, que habían tumbado a los Miami Dolphins, campeones consecutivos de las dos Super Bowls precedentes, con un prodigioso touchdown en el último instante[47].

Tras la victoria contra O.J. Simpson y los Bills, en el vestuario de los Steelers no se vivieron grandes emociones. El mensaje de Noll fue inequívoco y a la postre profético: «No fue la Super Bowl lo que se jugó ayer[48], se jugará dentro de dos semanas. Y el equipo más fuerte está en este

---

47. Cosa que esfumó el sueño de Shula de ganar tres Super Bowl seguidas, hito que ningún equipo ha logrado todavía.
48. En referencia al encuentro que enfrentó a Raiders y Dolphins el día anterior a que los Steelers derrotaran a los Bills.

vestuario». Contundencia y confianza. Durante la final de Conferencia, los Raiders, normalmente poderosos por tierra, corrieron solo 29 yardas mientras los Steelers pasaron de las 200. Un touchdown de Franco Harris selló el pase a la Super Bowl por primera vez en su historia. El ejército italiano lo celebró por todo lo alto.

Aquella Super Bowl IX que clausuraba la temporada de 1974 se jugó el 12 de enero de 1975 en el Tulane Stadium de Nueva Orleans y enfrentó a Steelers y a Vikings. Pese a sufrir una neumonía en los días previos a la gran final, el defensive end de los Steelers Dwight White se presentó en cancha y marcó un safety tras haber perdido nada menos que diez kilos durante su enfermedad. Esta acción supuso los primeros puntos anotados por los Steelers en una Super Bowl. Los Vikings sufrieron lo indecible, ya que en ningún momento encontraron maneras de avanzar ni en carrera ni en profundidad. El quarterback de Minnesota, Fran Tarkenton, tuvo que forzar lo impensable: lanzó 27 veces completando solo 11 pases y encajando 3 intercepciones. Franco Harris corrió más de 150 yardas y fue nombrado mejor jugador del partido. Bradshaw confeccionó un drive de siete minutos que acabó con un touchdown del tight end Larry Brown. La Super Bowl IX fue alzada con honor y épica por los Steelers tras el 16-6. Los comentaristas de la NBC no tuvieron dudas: «Sus mejores años están por llegar». Y así sería.

En el primer partido de la temporada de 1975 los Steelers ganaron con holgura a los Chargers. En la segunda semana, O.J. Simpson se valió él solo para destruir a la defensa de los Acereros, pero desde aquella jornada en adelante los de Noll ganarían todos los partidos restantes, a excepción del último. Por el camino, se llevaron por delante a los Bengals de Cincinnati en la semana 7 quebrando así su hasta entonces racha invicta. Los de Pittsburgh conseguirían un nuevo título divisional, rubricando unas estadísticas que mejoraban incluso las del curso precedente. Tras arrasar a Baltimore en la ronda divisional, en la final de Conferencia aguardaban una vez más los Raiders de John Madden. El duelo se disputó en un gélido Three Rivers Stadium, con una temperatura de 10 grados bajo cero. En los primeros tres cuartos los dos equipos no sumaron más de 3 puntos y computaron un total de 13 balones perdidos de los cuales 8 fueron cometidos por los Steelers. Un touchdown de Franco Harris rompería el equilibrio. Después, una recepción de John Stallworth puso el punto de exclamación: los Steelers sacaban un nuevo boleto para la Super Bowl, que por primera vez se disputaría entre dos franquicias ya laureadas. Los Steelers se enfrentarían a los Dallas Cowboys en el Orange Bowl de Miami.

La décima edición de la Super Bowl se disputó el 18 de enero de 1976. Se preveía un choque de estilos entre la aguerrida Cortina de Acero y la «Flex Offense» de los texanos. Más allá del aspecto táctico se estaba fraguando una rivalidad entre dos ciudades que vivían épocas muy diferentes. Si bien Pittsburgh se agarraba a las hazañas de los Steelers y de los Pirates para olvidar la tremenda crisis económica que barría toda el área metropolitana, en Dallas se vivían los años del boom edilicio. Los mejores arquitectos de Estados Unidos campaban por la ciudad proyectando la que sería el nuevo perfil de una urbe que necesitaba borrar la nefasta imagen tras el brutal magnicidio de JFK.

En el soleado teatro del sur de la Florida, los Cowboys marcaron muy pronto en una jugada que fue mal defendida por Pittsburgh. Person corrió una trayectoria interior y recibió, estando solo, un pase de Roger Staubach. Los Steelers reaccionaron con una sorprendente recepción de Lynn Swann que, desafiando las leyes de la física, se mantuvo en el aire hasta que le llegó la pelota de Bradshaw. Randy Grossman se encargó del primer touchdown tras recibir un pase de Terry Bradshaw en una jugada en la que hizo gala de toda su inteligencia y versatilidad. Grossman inició una maniobra de enfrentamiento contra un bloque interior como si estuviera designado un juego de carrera, pero enseguida arrancó a correr hacia la end zone, donde lo halló Bradshaw. 7-7.

Dallas transformó una patada poco después del empate y mantuvo la ventaja hasta el descanso (10-7) tras un error de Gerela en un disparo a palos. Cliff Harris, safety de los Cowboys, felicitó sarcásticamente a Gerela tras su fallo: «Gracias, esto nos ayuda mucho», dijo mientras le daba unos golpecitos al casco del pateador de los Steelers. Lambert no se lo pensó dos veces y lo tumbó al césped de un empujón. El episodio cambiaría el tono anímico del partido.

Mientras sobre el campo el espectáculo del entretiempo conmemoraba el bicentenario de la Guerra Civil Americana, el coach Noll y sus colaboradores analizaban en el vestuario los errores ofensivos e intentaban realizar los ajustes necesarios para reforzar la defensa. Y funcionó, porque la defensa de los Steelers tras el descanso estuvo descomunal. Hasta siete veces tumbó Pittsburgh al quarterback de Dallas. En el arranque del último cuarto, Reggie Harrison bloqueó un intento de punt de Mitch Hopes, la pelota salió del fondo de la cancha de los Cowboys causando un safety, jugada que produjo dos puntos. Era la segunda vez que se producía un safety en una Super Bowl. ¿Cuándo se había dado la anterior? En la Super Bowl IX, propiciada por esa misma defensa de los Steelers. Recordemos que tras un safety el equipo que lo sufre debe conceder la pelota al rival. Por tanto fueron los Steelers los que disfrutaron de la posesión, en la que llegaron a tener la oportunidad de marcar la patada que les daba ventaja. Pittsburgh no iba a perdonar dos veces y puso el 12-10 a su favor.

A falta de cinco minutos, los Steelers obtuvieron otra posesión con 15-10 en el marcador tras otros tres puntos anotados por Gerela. En situación de tercer down, en vez de un pase corto o una carrera (lo más habitual en estas situaciones), Bradshaw lanzó otro pase eterno para Swann. El ovoide recorrió una trayectoria sin fin que atravesó toda la cancha hasta aterrizar en las manos de aquel jugador irrepetible. ¡Touchdown Steelers! Con 21-10 a falta de tres minutos y dos segundos, la segunda Super Bowl estaba muy cerca para los Acereros. Pero en el siguiente ataque de Dallas Staubach perforó la defensa de acero con un drive rapidísimo que acabó con un pase para Percy Howard que puso el 21-16. Tras un drive estéril de Pittsburgh, Dallas tenía un minuto y once segundos para completar la remontada.

Landry se encomendó a la inspiración de su quarterback. Staubach inició moviendo bien la pelota hasta llegar a la yarda 38 de los Steelers, donde los Cowboys tuvieron la opción real de decantar el encuentro a su favor. Los jugadores de Pittsburgh que estaban en el banquillo no querían ni mirar, pero Noll se mantuvo impertérrito. Confiaba en su defensa. Dallas sentía la gloria cerca, pero el pase hacia Person en la end zone fue desviado por Wagner y atrapado finalmente por su compañero Edwards, cerrando así una de las Super Bowls más apasionantes de la historia. El MVP fue Lynn Swann, la primera vez que lo conseguía un wide receiver. Dos títulos de Super Bowl consecutivos olía a dinastía. ¿Pero y tres? Para lograrlo, los Steelers se tomarían dos temporadas de descanso y reflexión[49].

En 1978 la NFL cambió algunas reglas para favorecer los ataques. Entró en vigor la nueva norma que cambiaría el juego para siempre: la «Mel Blount Rule», llamada así en honor al jugador que, sin pretenderlo, ayudó a crearla. Desde ese momento, los defensores podrían tocar al receptor solo en las primeras cinco yardas tras el snap y después solo hasta que hubiera tocado la pelota lanzada por el quarterback. Por extraño que parezca, esta regla ayudó a los Steelers. Chuck Noll, metódico estudiante del juego, supo adaptarse a la nueva normativa y su equipo se convirtió en una máquina de atacar por arriba. Bradshaw, no por casualidad, vivió así su mejor temporada. Marcó dos touchdowns en cada uno de los primeros tres partidos de 1978. Grossman sumó números maravillosos. Greene quizás no tenía la velocidad de sus primeros años en la liga, pero era mucho más listo y ágil. La defensa de Noll cambió y pasó a generar muchísimos más blitz[50]. Los Steelers gana-

---

49. Los Steelers se clasificaron para la postemporada en los años 1976 y 1977. En 1976 superaron con contundencia a los Colts en Baltimore, pero fueron derrotados por los Raiders en Oakland. Al año siguiente cayeron claramente ante los Broncos en Denver.

50. Maniobra según la cual uno o más linebreakers cruzan la línea de scrimmage para derribar u obstruir el pase del quarterback rival.

ron los primeros siete encuentros de la temporada regular, su mejor arranque en la historia. En los playoffs los chicos de Noll aplastaron a todos sus rivales y se clasificaron merecidamente para el gran baile. Guiños del deporte, una vez más el adversario serían los Cowboys de Tom Landry, y una vez más el partido se disputaría en el Orange Bowl de Miami. Dallas, en aquella ocasión, defendía el título.

En la primera mitad, un Bradshaw en plena madurez superó el récord del mítico quarterback de los Packers Bart Starr, pasando por 253 yardas en los primeros 30 minutos de una Super Bowl. El mariscal de los Steelers acabaría el partido con 318 yardas y lanzando 4 touchdowns, todo ello plusmarcas hasta ese momento. John Stallworth, Rocky Bleier[51] y Franco Harris anotaron touchdowns y, con un último brochazo genial de Bradshaw para Swann, los Steelers sentenciaron el partido a su favor (35-31). El quarterback de amarillo y negro cruzaba las puertas doradas de la leyenda con sus cuatro pases de touchdown. La defensa estaba envejeciendo, pero seguía siendo literalmente de acero. Los Pittsburgh Steelers eran el equipo de moda.

La campaña de 1979 estuvo marcada por las lesiones, pero Noll y los suyos completaron su misión. Aunque no estuvieron al nivel de los años anteriores, acabaron el curso con 12 victorias y cantaron el alirón de su división. Los Steelers eran uno de esos grandes equipos que gana

---

51. Herido en la guerra de Vietnam, un médico en un hospital de Tokio le había comunicado que nunca podría volver a jugar al fútbol. El dueño de los Steelers, un caballero de corte clásico, gran amante de los puros, le escribió una carta a Rocky: «Vuelve pronto porque te necesitamos». Rocky no defraudó.

casi por inercia. En el duelo divisional, contra los Dolphins, se enfrentaban dos de los grandes dominadores de la década. El partido se preveía igualado, pero Pittsburgh avasalló desde el comienzo y los de Miami se despidieron de la temporada. Una semana después, en la final de Conferencia contra los Oilers, los de Houston podrían haber empatado en el tercer cuarto con un touchdown controvertido que, sin embargo, los colegiados invalidaron erróneamente. Revisado con posterioridad, resultó ser legal, pero en ausencia de repetición la decisión arbitral se mantuvo. Fue una decisión muy discutida que apagó las luces y la energía de los hombres de Houston. Los Steelers recuperaron el dominio durante el cuarto periodo y se llevaron el partido.

Tres meses después de que los Pittsburgh Pirates se hicieran con el título en las Series Mundiales de béisbol, los vecinos Steelers tenían la posibilidad de regalar a su ciudad otro título: la Super Bowl XIV. Su rival, los Rams de Los Angeles, que habían sorprendido a todo el mundo tras una mediocre temporada regular. La ciudad, Pasadena, a escasos quilómetros al norte de Los Angeles. Los Rams jugarían el partido final al lado de casa.

En el Rose Bowl, con 104.000 espectadores en las gradas, un récord en la Super Bowl, los Steelers, claros favoritos, disputaron una mala primera mitad y se fueron al descanso con una desventaja de tres puntos (10-13). A pesar de ello, Chuck Noll se fue al vestuario de buen humor, sonriendo y bromeando con los aficionados. Pero la sonrisa se le borró rápidamente cuando el recpetor Lynn Swann se lesionó al principio del tercer cuarto. El contratiempo era grave. Swann tenía que abandonar el partido.

Ya en el último cuarto, los Steelers seguían por detrás en el marcador (17-19) y se enfrentaban a un tercer down y ocho yardas. En una jugada para la historia, Bradshaw mandó un pase larguísimo que cayó en las manos de John Stallworth. El genial receptor de Tuscaloosa se lanzó a correr y ya nadie pudo pararlo. El partido daba un vuelco. 24-19 para Pittsburgh.

En la siguiente posesión, otro balón largo de Bradshaw a Stallworth dejó a los Steelers a una sola yarda del touchdown. En la posterior jugada, Franco Harris recibió de su quarterback, bajó la cabeza y con todo su fuerza y corazón agujereó la defensa de los Rams para liquidar el encuentro.

La Super Bowl XIV acabó 31-19 para los de Pittsburgh. Era el cuarto título para unos Steelers que se confirmaban como el equipo de la década. Jimmy Carter, presidente de los Estados Unidos, recibió en la Casa Blanca tanto a Pirates —que habían ganado las Series Mundiales en octubre ante los Baltimore Orioles— como a Steelers. Ambos conjuntos habían convertido a Pittsburgh en la ciudad más famosa de América.

En la terminal principal del aeropuerto de la ciudad se levantan hoy en día dos estatuas: una de George Washington, el primer presidente de los Estados Unidos y uno de los Padres Fundadores, y otra de Franco Harris, inmortalizado en el momento en que atrapaba la pelota aquella tarde gélida de 1972. Observándola, uno no puede dejar de preguntarse qué hubiera ocurrido sin aquella inmaculada recepción. La acción fue votada por los aficionados como la más memorable en la historia de la NFL.

6

«GHOST TO THE POST»: LA PERLA DE LOS RAIDERS

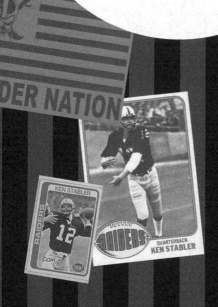

Es el primer fin de semana de invierno tras el solsticio y el sol de mediodía que cae difuso sobre el Memorial Stadium de Baltimore templa ligeramente la atmósfera. Estamos en 1977, un día antes de Navidad. Todo está listo para la ronda divisional en la que los Baltimore Colts, que juegan como locales, buscan destronar a los Oakland Raiders, vigentes campeones, magistralmente dirigidos desde la banda por John Madden. Los expertos vaticinan un encuentro muy reñido... y salvaje.

La primera mitad es un duelo de dos grandes defensas. Los Raiders logran anotar gracias a una tremenda carrera de 30 yardas de Clarence Davis, pero los Colts, lejos de amilanarse, llegan al descanso con un 10-7 a su favor. Será durante la segunda mitad cuando empiecen los verdaderos cañonazos. Dave Casper, tight end de los Raiders, logra el touchdown que da la vuelta al marcador en la primera posesión del tercer cuarto, pero pocos segundos después Marshall Johnson retorna la patada de los Raiders directamente hacia la end zone tras una fantástica galopada de 87 yardas. Los de Oakland, sin embargo, mantienen el tipo y al cabo de unos minutos consiguen poner el 21-17 a su favor. No hay tregua en Baltimore. En el cuarto periodo sube aún más el voltaje que alimenta el carril de esta montaña rusa. Los Colts vuelven a ponerse por delante al transformar un cuarto down a una yarda de la end zone. No se recuerda semejante entusiasmo desde la retirada de Unitas, pero los de Madden siguen percutiendo y retoman otra vez la ventaja tras un clínico drive. El partido es un auténtico toma y daca, no apto para cardiacos. Baltimore no se deja intimidar y vuelve a causar estruendo en el recinto de la calle 33 gracias a otra carrera de Lee. 31-28 para Baltimore a falta de ocho minutos.

Los Colts finalmente consiguen parar a los Raiders en la siguiente posesión y el triunfo parece cerca, pero los locales no son capaces de finiquitar el partido. Tienen que ejecutar un punt que entrega el ovoide a los de Oakland a falta de dos minutos y 55 segundos para la conclusión: una última posibilidad se presenta para los visitantes. En este preciso instante se cruzan las trayectorias de tres personajes míticos que comparten el deseo de agrandar la leyenda de los Oakland Raiders: John Madden, Ken Stabler y Dave Casper.

Nacido un luminoso día de abril de 1936 en Austin, un pequeño pueblo del estado de Minnesota, John Madden, una de las personalidades más carismáticas de la historia de la NFL, se asomó al mundo en el seno de una familia humilde y trabajadora. Su padre, mecánico de profesión, tuvo que trasladar por asuntos laborales a toda la familia a

Daly City, un suburbio de clase media en las afueras de San Francisco. Allí, el pequeño John asistió a la Catholic Parochial School en la que coincidió con un tal John Robinson. Robinson y Madden hicieron buenas migas. Ambos fantaseaban con brillar en el diamante en verano y destacar con el casco en invierno. Divagaban, soñaban con enfundarse la camiseta de los Yankees de Nueva York y la de los 49ers de San Francisco.

En el instituto, Madden se convirtió en una estrella del fútbol y confirmó sus estupendas habilidades durante la época universitaria. Tras pasar por varios ateneos, se consolidó en la Universidad Politécnica Estatal de California. En Cal Poly, Madden destacó tanto en tareas ofensivas como defensivas y jugó también como catcher en el equipo de béisbol. En el draft de 1958 fue seleccionado por los Eagles de Philadelphia[52], pero no pudo ver ni un snap como jugador en la NFL ya que durante el primer training camp sufrió una grave lesión de rodilla. Pero Madden supo transformar la desdicha en oportunidad.

Durante la convalecencia pasó infinidad de horas viendo partidos con escrupulosa atención. Norm Van Brooklyn fue el hombre clave en su aprendizaje como entrenador. Apodado «The Dutchman» debido a sus orígenes neerlandeses, Norm fue el quarterback de los Eagles durante los últimos años de su carrera y pronto se convirtió en entrenador. Gracias al holandés, Madden descubrió su amor por entrenar, por diseñar jugadas desde la banda y por la grandeza y mística de liderar a un grupo de

---

52. Ronda 21, posición 244.

hombres hasta la cima. En 1960 fue contratado como asistente en el Allan Hancock College de Santa Maria y dos años más tarde fue ascendido a entrenador jefe. En 1963 fue designado coordinador defensivo en San Diego State. California estaba en su destino y su talento no pasó inadvertido. En 1967, Al Davis, dueño y director general de los Oakland Raiders, no dudó en ficharlo como entrenador de linebackers.

Al Davis era un hombre de Brockton, Massachusetts, de origen judío. En su adolescencia intentó hacer carrera en varios deportes, sobre todo en baloncesto, pero no consiguió destacar en ninguno de ellos. Fue entonces cuando se dejó seducir, como poco más tarde haría Madden, por la enseñanza del fútbol. Tras casi trece años aprendiendo el oficio en diversos equipos, en su mayoría del ámbito universitario, fue contratado por una franquicia que, fundada en el año 1960[53], todavía no había logrado ni un título de división: los Oakland Raiders. Davis ejerció como entrenador jefe a lo largo de tres temporadas (1963, 1964 y 1965), alcanzando en dos ocasiones el segundo lugar en la división. Tras un año como comisionado de la AFL, volvió al equipo de la bahía como copropietario y director general y, con su perspicacia e inteligencia, puso las bases para el despegue de la franquicia.

A partir del curso de 1972 se convirtió en el dueño principal y mantuvo el cargo de director general hasta su muerte en el año 2011. Famoso por dejarse ver siempre con el pelo peinado hacia atrás con gran esmero, ayudado

---

53. Los Raiders de Oakland fueron una de las franquicias fundacionales de la American Football League en el primer año de aquella competición.

por quintales de gomina, se reveló un genio tanto a la hora de seleccionar a jugadores como de potenciar la marca Raiders. La forma de hacer de Al Davis, sus métodos y estilo[54], son aún hoy recordados con gran estima por la inmensa mayoría de empleados, cargos y seguidores que componen la gran familia de la NFL. En la Super Bowl II, Madden, ejerciendo aún como entrenador de linebackers, se cruzó con Vince Lombardi, uno de sus ídolos. Lo que más le fascinaba de Lombardi era su obsesión a la hora de explicar cualquier detalle. Recordaba que una vez durante un seminario lo escuchó hablar durante ocho horas sobre una única jugada. Los Green Bay Packers se llevaron aquel encuentro 33-14 y, para la temporada de 1969, Al Davis ascendió a John Madden a la posición de entrenador jefe. Ambos hombres tenían entre manos a un equipo veterano, pero supieron inyectarle dosis de juventud.

Tanto propietario como entrenador jefe tenían un talento comunicativo único cuando se trataba de trasladar los valores de los Oakland Raiders. Existían pocas reglas, pero muy claras: nunca llegar tarde, prestar atención a las

---

54. Más allá de sus incontestables éxitos deportivos como dueño y director general de los Oakland Raiders, Al Davis destacó por su compromiso activo e irrenunciable en pos de los derechos civiles. Jamás consintió que los Raiders se alojasen en ciudades en las que estuviera establecida una norma de segregación racial que obligase a reservar hoteles diferentes para blancos y negros. Fue también el primer propietario de la era moderna en fichar a un entrenador afroamericano y a una mujer como directora ejecutiva. Davis se distinguió también por ser el segundo propietario de una franquicia NFL en fichar como entrenador jefe a una persona de origen latinoamericano (Tom Flores, contratado originalmente en 1972 como entrenador especialista y promocionado a entrenador jefe desde 1979 hasta 1987). En 1992, Al Davis fue incluido con todo merecimiento y honor en el Salón de la Fama de la NFL.

explicaciones y jugar duro. Normas que eran respetadas como un auténtico código de honor. Se iniciaba la época dorada de los Raiders, que llegarían a disputar hasta cinco finales de la American Football Conference en un periodo de siete años. Conocieron, como suele suceder en toda epopeya hacia el éxito, decepciones sangrientas, en ocasiones quedándose a centímetros de la gloria. Posiblemente la «Immaculate Reception» de Franco Harris en 1972 sea el mayor mazazo en la carrera de Madden. Las imágenes de la NBC muestran la cara desencajada de esta leyenda crecida al sol de Daly City en los instantes posteriores a la recepción de Harris. Sus ojos están como perdidos en su enorme rostro contornado por unas largas patillas, incapaces de procesar emocionalmente lo que acaba de ocurrir. Dos años más tarde, sus Raiders se llevaron la victoria contra los Dolphins gracias a un lanzamiento de Ken Stabler que supuso la primera derrota de los de Miami tras dos postemporadas perfectas[55]. Madden fue llevado a hombros por sus jugadores en medio de la cancha mientras que con sus brazos levantaba hacia el cielo el ovoide del memorable partido. Sus ojos resplandecían. Pero la gloria duró pocos días, ya

---

55. La jugada decisiva de aquel mítico duelo, a pocos segundos del final y con los de Shula dominando por 5 puntos, pasó a la historia como «The Sea of Hands», literalmente el mar de manos. Y es que el pase a la desesperada del quarterback Ken Stabler hacia el running back Clareance Davis parecía imposible ya que el jugador de los Raiders estaba completamente tapado por tres defensores de los Dolphins. Sin embargo, milagrosamente, Davis logró arrancar la pelota de los tentáculos rivales para marcar el touchdown del triunfo. La jugada, en origen dibujada por Madden para las manos de Biletnikoff, cambió repentinamente de guion porque el receptor estaba cubierto por los hombres de Shula, y Stabler tuvo que buscarse esa alternativa. ¡Solo de esta manera se le podía ganar al equipo de Shula!

que la semana siguiente llegó la derrota, otra vez contra los incansables Steelers, los grandes dominadores de la década de los setenta.

En la temporada de 1975 Madden decidió contratar a su viejo amigo John Robinson como asistente de ataque, con la tarea principal de gestionar los juegos de carreras, buque insignia de la casa. El curso de 1975 fue impecable hasta que otra vez los Steelers de Chuck Noll se cruzaron en el camino de los de la calavera y los mandaron a casa a las puertas de una Super Bowl. Robinson se mantuvo en la plantilla de Madden solo una temporada, ya que optó por enfilar el camino de entrenador jefe de los Troyanos de la Universidad de Southern California. En 1976, por fin se alinearon los astros para Oakland.

Tras una temporada regular en la que flirtearon con la perfección, los Raiders superaron con muchos apuros a los Patriots y, siete días después, lograron finalmente derrotar a los Steelers de Noll en la final de la American Football Conference. El 9 de enero de 1977, en el Rose Bowl de Pasadena, por primera vez en su carrera, Madden disputaría una Super Bowl como entrenador jefe.

El entorno le transmitía buenas vibraciones ya que ocho días antes, en el primer día del año y en el mismo escenario, su amigo Robinson había guiado a sus Troyanos al título del Rose Bowl superando a los favoritos Wolverines de Michigan ante más de 100.000 espectadores. Faltaba el triunfo de Madden para cerrar aquel bello ciclo de amistad y deporte.

Y John Madden no falló. Orquestó desde la banda un magistral partido que los suyos ganaron con un rotundo 32-14 contra los Minnesota Vikings. Dos muchachos crecidos en la tranquila Daly City habían triunfado en el inmenso Rose Bowl (que podía albergar a todos los habitantes de Daly City a la vez) con pocos días de diferencia. Los Oakland Raiders conquistaban su primer anillo y la eternidad como campeones de la Super Bowl XI.

El segundo protagonista de este instante congelado en el tiempo es Ken Stabler, quarterback de Oakland, un tipo nacido en un pueblo de Alabama llamado Foley, curiosamente el mismo del que saldría años mas tarde el gran receptor Julio Jones. Stabler era un zurdo que dibujaba trayectorias de difícil lectura para las defensas rivales. En el instituto su entrenador acuñó el apodo «Snake», dada su escurridiza manera de correr, que le acompañaría durante toda su carrera. Se le ocurrió justo después de una galopada que acabó en touchdown[56]. Ken «Snake» Stabler fue uno de los primeros quarterbacks en correr hacia delante con el balón con cierta regularidad, ofreciendo una nueva dimensión a las estrategias de ataque de sus equipos. Dicha opción extra, sumada al hecho de ser zurdo, sembró el caos en las defensas rivales. Buena prueba de ello es que el legendario entrenador de la Universidad de Alabama, Paul William Bryant[57], apodado «Oso», lo llamó para jugar en el prestigioso ateneo que ya había regalado al mundo quarterbacks del nivel de Joe Namath o Bart Starr.

---

56. Stabler guio a la Foley High School a un impresionante récord 29-1 durante su etapa escolar. La única derrota fue contra la Vigor High School de Prichard, condado de Mobile (Alabama), una escuela de cuyos campos y aulas han salido un gran número de jugadores rumbo a la NFL.

57. «Oso» Bryant lideró durante 25 cursos a la Crimson Tide, con los que obtuvo seis títulos nacionales y trece títulos de Conferencia, siempre con su inconfundible fedora con estampado de pata de gallo.

En 1964, su primer año en Alabama, Snake no jugó mucho debido a las reglas de la NCAA que restringían la utilización de los jugadores de primer año. Su compañero de equipo, y futura leyenda, Joe Namath guio a Alabama rumbo al título nacional. Como sophomore, Stabler ejerció de reserva de Steve Sloan[58] y en el tercer año se ganó al fin la titularidad y capitaneó a los suyos a una temporada perfecta, sin ninguna derrota. Además, logró hacerse con el Sugar Bowl tras un contundente 34-7 ante Nebraska. Esta efeméride, sin embargo, no sirvió a Alabama para cosechar su tercer título nacional consecutivo, ya que Notre Dame y Michigan State obtuvieron más votos en la selección, pese a no haber jugado ningún Bowl ninguna de las dos[59].

58. La temporada concluiría con la consecución del segundo título nacional de la Crimson Tide, que saldría también triunfante del Orange Bowl tras derrotar a los Cornhuskers de Nebraska.

59. Los Bowls forman parte del complejo, añejo y hasta cierto punto inescrutable mundo del fútbol universitario. En esencia se trata de partidos de postemporada en los que las mejores universidades se retan entre sí en una cancha neutral. Estos partidos se disputan entre Navidad y Año Nuevo y toman su nombre del estadio Rose Bowl de Pasadena, donde se disputó el primero. Dicho recinto se llamó así en honor al Yale Bowl de New Haven −caracterizado por su forma de tazón o cuenco («bowl» en inglés)−, una instalación pionera en los Estados Unidos que sirvió de inspiración para muchos de los estadios que vinieron después. A lo largo de la historia, el número de Bowls ha aumentado de manera muy notable hasta superar hoy en día los cuarenta partidos. Entre ellos, seis son considerados los más importantes: el Rose Bowl, el Sugar Bowl, el Orange Bowl, el Cotton Bowl, el Fiesta Bowl y el Peach Bowl. Para acceder a un Bowl se utilizaba hasta 2013 una serie de clasificaciones, la más prestigiosa la establecida por los periodistas de Associated Press, y un algoritmo que tenía en cuenta, entre otros factores, el nivel de los rivales, los partidos perdidos y los puntos anotados. Pese al prestigio que otorgaba ganar un Bowl, hasta 1992 el campeón nacional se decidía únicamente siguiendo las distintas clasificaciones y el algoritmo. A partir de ese año, se instauró un Bowl específico para decidir el campeón nacional. Lo disputaban el primero y el segundo equipo del ránking. Este sistema duró, con múltiples matices, hasta 2013. Desde 2014, siguen existiendo clasificaciones y algoritmos, pero es un

En el último año, Stabler no cumplió con las expectativas, pero sí dejó una jugada para la posteridad. En el mítico Legion Field[60], bajo un tremendo aguacero, Alabama iba perdiendo 3-0 contra Auburn, uno de sus grandes rivales. Desafiando la lluvia y el barro, la Serpiente hizo honor a su apodo y se marcó una carrera que acabó en el touchdown de la victoria. La jugada pasó a los anales del fútbol como la «Run in the Mud», la carrera en el barro. Ken Stabler fue seleccionado por los Raiders en el draft de 1968. Lo eligieron, claro está, para jugar al fútbol. Y no, no es una boutade, porque en 1966 lo habían seleccionado los Yankees de Nueva York, en 1967 los Mets, y aún aquel mismo 1968 los Houston Astros. Tres históricas franquicias de béisbol lo habían escogido en el draft de la MLB. Pero Snake, que era, obviamente, un atleta extraordinario, eligió el fútbol y se colocó el casco de los Raiders.

Tras dos temporadas complicadas, John Madden no decidiría incorporarlo definitivamente a la plantilla en un partido de playoffs hasta la postemporada de 1972, en

comité de doce sabios el que decide los combinados que aparecerán en los Bowls y, sobre todo, los que accederán a los dos Bowls que dirimirán las dos universidades que pelearán por el título nacional. Y ya para acabar esta lección sobre Bowls, un último dato: no hay que confundir los Bowls de postemporada con algunos duelos regionales de temporada regular que también se conocen con este apelativo. Es el caso por ejemplo del Iron Bowl, que enfrenta a los dos grandes rivales de Alabama: los Tigres de la Universidad de Auburn y los Crimson Tide de la Universidad de Alabama.
60. Uno de los santuarios del fútbol universitario. Construido en 1927 en la ciudad de Birmingham, en pleno corazón de Alabama, fue nombrado en honor a la Legión Americana, organización formada por veteranos del ejército para la promoción patriótica y el cuidado de los soldados y sus familias tras el retiro. Durante la mayor parte del siglo xx, el estadio lo usaron a menudo como locales tanto Alabama como Auburn, ya que el aforo era superior al de sus respectivas canchas.

la que acabaría siendo la peor jornada posible, al menos colectivamente. Tras la lesión del quarterback titular de Oakland, Daryle Lamonica[61], Snake entró en el partido y marcó un touchdown de 30 yardas que dio momentáneamente la ventaja a los suyos. La acción fue un destilado de su capacidad para lanzarse a la carrera. Sin embargo, la proeza fue borrada minutos después por la recepción inmaculada de Harris. Stabler se ganó la titularidad durante la temporada de 1973. Debido a las múltiples lesiones en la rodilla, Snake corría algo menos, pero mantenía una fuerza descomunal en el brazo y la puntería de siempre. Su capacidad de alternar pases cortos y largos tomaba más importancia que nunca. El laboratorio de ideas de John Madden le favorecía: el juego de carrera servía para golpear al equipo rival y generar incertidumbres. Esa variable podía seguirse utilizando sobre todo considerando que Madden contaba en su plantilla con corredores natos como Marv Hubbard[62] y Clareance Davis[63]. Esto permitía generar espacios en las defensas y buscar las jugadas en profundidad, donde esperaban tres fuera de serie: los rapidísimos Cliff Branch y

---

61. El triunfador del Heidi Game.

62. Marv Hubbard es el tercer fullback en la historia de la NFL con mayor promedio de yardas ganadas (4.82) por acarreo, por delante de fenómenos como O.J. Simpson, Walter Payton o Emmith Smith.

63. El running back Clareance Davis fue uno de los cinco troyanos titulares de aquel legendario backfield 100% afroamericano que en la tarde del 12 de septiembre de 1970, en el Legion Field, se llevó por delante 42-21 a la Alabama de «Oso» Bryant, formada entonces únicamente por jugadores blancos. La trascendencia de este partido superó lo deportivo, ya que inició desde la propia Universidad de Alabama un proceso de integración racial que acabaría ramificando por todo el tejido social de la comunidad.

Fred Biletnikoff y el tight end Dave Casper, nuestro tercer hombre congelado en el tiempo.

Apodado «The Ghost» por la homonimia entre su apellido y el personaje infantil de dibujos animados, Casper nació en 1952 en Bemijdi, un pueblecito del norte del estado de Minnesota que muchos años más tarde los hermanos Cohen harían aparecer en *Fargo*. Su último año escolar lo cursó como alumno de Chilton, Wisconsin, a pocos kilómetros al sur de Green Bay, donde eclosionaría definitivamente al ganar los últimos ocho partidos de temporada con un total de 363 puntos anotados frente a 0 encajados. La Universidad de Notre Dame se fijó en él. En South Bend jugó maravillosamente bien y consiguió ganar el título nacional en 1973. Elegido por los Raiders en 1974, Casper destacó ya desde su temporada de debut.

Ahora, con dos minutos y 55 segundos por jugar, Madden, Stabler y Casper, grandes protagonistas del éxito de la campaña de 1977, quieren mantener vivas las ilusiones de conseguir otro billete a la Super Bowl. Los Raiders tienen ante sí la posibilidad de empatar. Madden mantiene una charla con su quarterback cerca de la banda. Los gritos de la muchedumbre que casi le impiden oír la voz de su entrenador sirven para motivar aún más a Ken «Snake» Stabler, que mira un instante hacia la grada antes de volver a concentrarse en Madden y espetarle: «Seguro que han gastado bien su dinero hoy». Dicho y hecho. Ken Stabler pasa hacia Clareance Davis para un primer down en la yarda 44 de Oakland. El objetivo se va acercando. A falta de dos minutos y 17 segundos, el coordinador de ataque, Tom Flores, indica una jugada en la que uno de los dos wide receivers debe recorrer una trayectoria hacia el interior. El trabajo de Casper es intentar alejar a los safeties de Baltimore hacia la profundidad. Sin embargo, en un momento de clarividencia que pasará a la historia, Flores avisa a Stabler de que no se olvide de Ghost.

Todos respetan sus consignas, la protección de la línea de ataque ofrece el tiempo justo a Stabler para otear el horizonte, descifrar el escenario y de reojo avistar la trayectoria de Casper. En una fracción de segundo, se olvida de sus dos receptores y opta por buscar a su tight end. Es una trayectoria bombeada, arqueada, un globo delicado, que no coge desprevenido a Casper. En un primer momento, fieles a las consignas, The Ghost no cree que vaya a ser la diana del pase de Stabler por lo que inicialmente ni se gira. Sin embargo, al percibir la trayectoria sedada del ovoide cayendo hacia él, levanta milagrosamente la cabeza en el momento justo y estira sus brazos hacia delante para hacerse con el balón. La jugada, que pasará a la historia como «Ghost to the Post», en homenaje a las palabras exactas que espetó Flores a Stabler, es una de las más famosas de la historia de la NFL.

Poco después, una patada de Erol Mann manda el partido a una dramática prórroga. En los 15 minutos del primer añadido ninguno de los dos equipos es capaz de agujerear la defensa rival, pero justo en el arranque de la segunda otro inmenso pase del zurdo Ken Stabler acaba en las manos de Casper y los Raiders sellan su victoria (37-31). La semana siguiente, el día de Año Nuevo de 1978, el sueño de ganar un segundo título se hace añicos contra unos formidables Denver Broncos, que superan a los de Madden 20-17. La singladura de aquellos míticos Oakland Raiders acaba en ese partido. Los de la calavera, tras unos años de sufrimiento, volvieron a la élite en la década de los ochenta. De las figuras históricas, el único que seguía en el equipo era Al Davis.

El «Ghost to the Post» quedará como el testamento de un equipo inolvidable: una jugada legendaria que hizo soñar durante muchos años a las Raiders Nations, los aficionados incondicionales de los Raiders. Representaban el orgullo de las zonas obreras de la bahía, en contraposición a la elegancia de la patricia San Francisco y sus 49ers, perlas de la orilla noble. Sus miembros eran célebres por los elaborados atuendos, con calaveras y otros macabros símbolos en claro guiño a la muerte. Eran, sin duda, los aficionados ideales para un equipo agresivo e intimidador como aquellos Raiders de los setenta. Los Raiders de John Madden[64], Ken Stabler y Dave Casper.

---

64. Madden abandonó la pizarra en 1978 y se convirtió en uno de los más respetados analistas de televisión. En 1988 EA Sports lanzó el famosísimo videojuego *John Madden Football*, posteriormente llamado *Madden NFL*, que ha vendido más de 130 millones de copias. Muchos aficionados a la NFL lo conocen más por estas aventuras que por su carrera como entrenador.

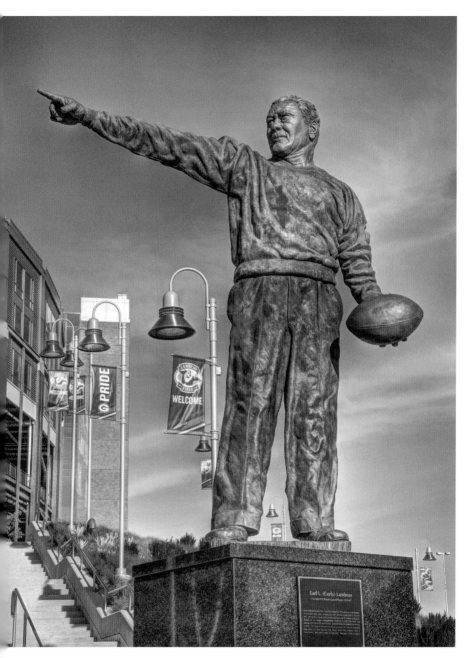

os Packers fueron, tras los Canton Bulldogs, el segundo gran equipo de la historia. En sus einta años como entrenador de los Packers, Curly Lambeau ganó un total de seis campeonatos. l estadio actual de Green Bay, el mítico Lambeau Field, lleva su nombre. Esta fabulosa estatua ve de recordatorio también de tan mítico personaje. © Foto Bmosh99/Dreamstime

El neoyorquino Vince Lombardi, considerado por muchos el mejor entrenador de la historia, es recordado con esta magnífica estatua en el Lambeau Field, estadio de sus queridos Green Bay Packers. Lombardi entrenó a los Packers desde 1959 hasta 1967. En este tramo consiguió nada más y nada menos que cinco entorchados. Ninguno es más recordado que el legendario Ice Bowl de 1967 ante los Cowboys de Tom Landry.

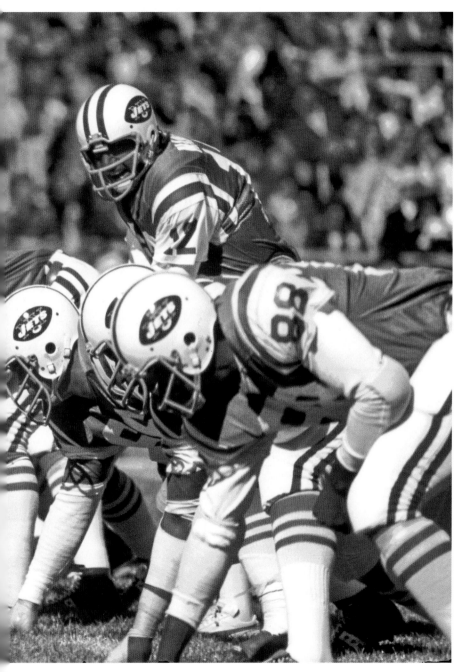

Joe Namath fue el líder de la mejor época de los Jets. El título que consiguieron en 1968, en la tercera edición de la Super Bowl ante los temibles Colts de Don Shula, es uno de los grandes éxitos de la historia de la liga. © Jerry Coli/Dreamstime

El tándem que formaban Don Shula y Bob Griese dio muchas alegrías a los aficionados de los Dolphins en la década de los setenta. Su temporada perfecta de 1972, con Griese, Morrall y

Csonka como principales estandartes, permanece en el recuerdo de los aficionados.
© Jerry Coli/Dreamstime

Roger Staubach es, junto con Troy Aikman y Tony Romo, el mejor quarterback en la historia de los Dallas Cowboys. MVP de la Super Bowl VI que Dallas ganó a Miami en la temporada de 1971, Staubach lideró de nuevo a los texanos al triunfo en la temporada de 1977. © Jerry Coli/Dreamstime

El carismático fullback Franco Harris, que jugó casi toda su carrera en los Pittsburgh Steelers, fue uno de los jugadores clave de la recepción inmaculada de 1972, una de las jugadas más recordadas de la historia de la NFL. Harris ganó el título en las temporadas de 1974, 1975, 1978 y 1979. © Jerry Coli/Dreamstime

El histriónico John Madden, máximo responsable de los Raiders entre 1969 y 1978, consiguió la Super Bowl XI para el equipo de la bahía de San Francisco. © Jerry Coli/Dreamstime

El quarterback Terry Bradshaw fue uno de los pilares de los Steelers de los setenta, los grandes dominadores de la década. © Jerry Coli/ Dreamstime

Las estrellas de los Chicago Bears Walter Payton (34) y Jim Mc Mahon (9) observan desde la banda cómo su equipo acaba con las esperanzas de los New England Patriots en la Super Bowl XX.

El tándem que formaron Joe Montana y Bill Walsh en los 49ers definió una época y fue uno de los modelos a seguir para Brady y Belichick años más tarde. © Jerry Coli/Dreamstime

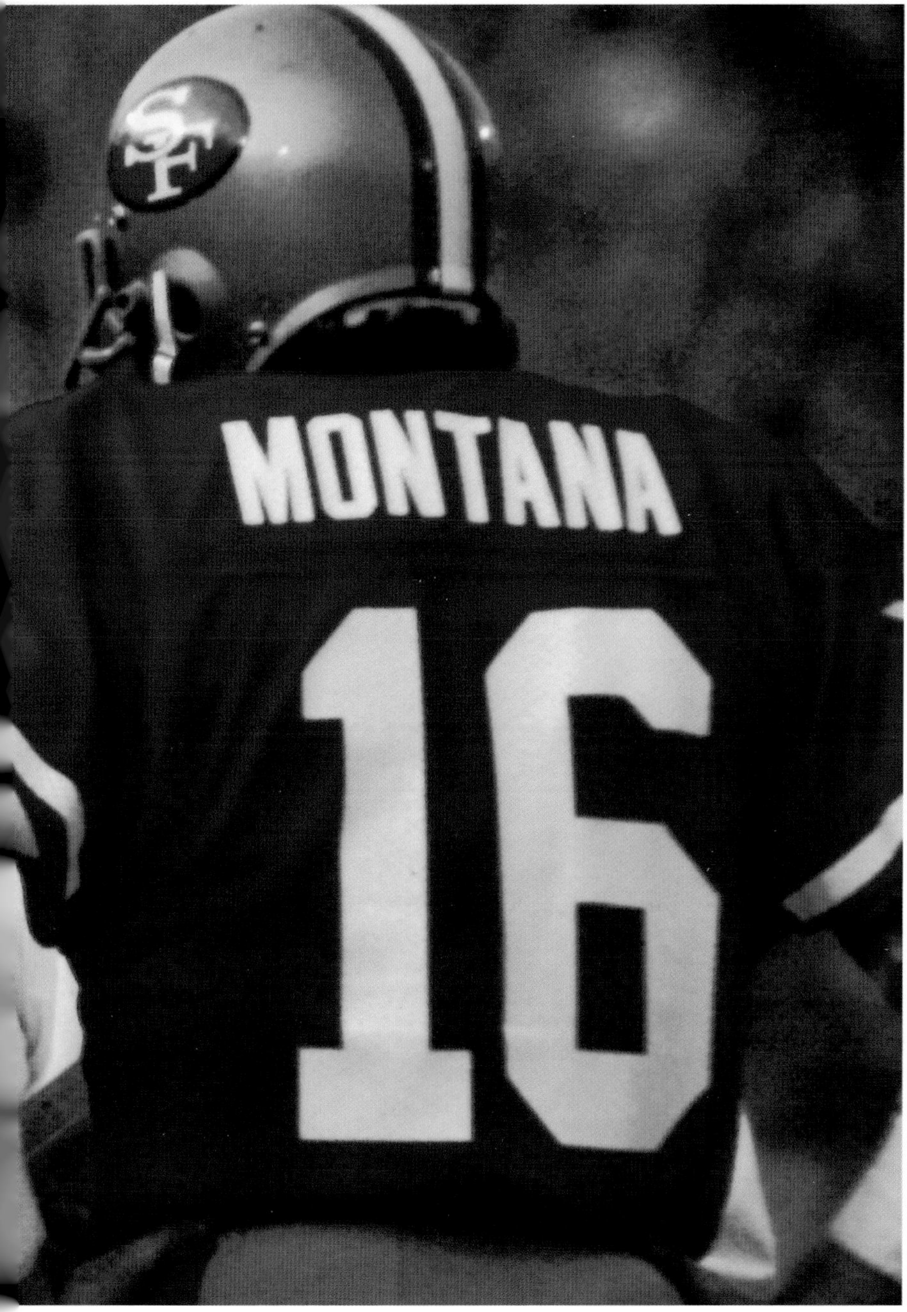
MONTANA
16

El elegante Tom Landry es uno de
los grandes iconos de la liga. En
sus 28 temporadas al frente de los
Dallas Cowboys, consiguió dos
Super Bowls para los texanos, en
las temporadas de 1971 y 1977.

John Elway ha sido uno de los mejores quarterbacks de la historia. En su dilatada carrera consiguió numerosos premios. Los más importantes fueron las dos Super Bowls ganadas en el tramo final de su carrera con los Denver Broncos. © Jerry Coli/Dreamstime

unque no le hemos dedicado ningún capítulo, Brett Favre es uno de los grandes quarterbacks e la historia. Favre solo ganó una Super Bowl, ante los Patriots en la temporada de 1996, pero e MVP tres años seguidos. En la temporada siguiente, la de 1997, los Packers no pudieron con s Broncos de Elway, que se llevaron la Super Bowl XXXII por 31 a 24. © Jerry Coli/Dreamstime

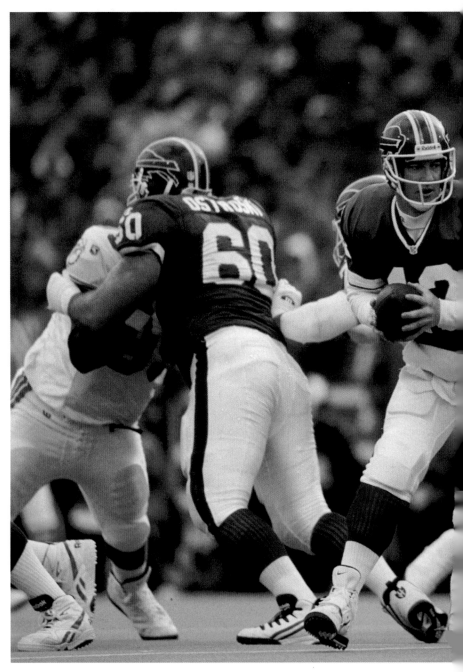

Jim Kelly disputó y perdió cuatro Super Bowls con los Buffalo Bills a principios de los noventa. El quarterback lideró uno de los equipos más anotadores de la historia. © Jerry Coli/Dreamstime

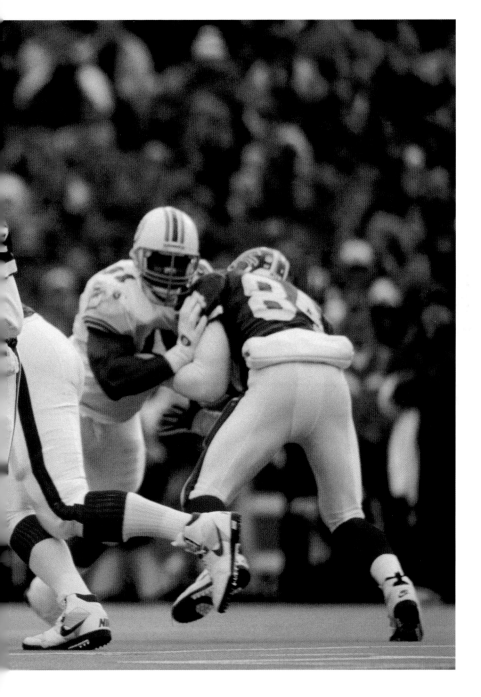

Troy Aikman jugó en los Dallas Cowboys de 1989 a 2000. En esos años le dio tiempo a ganar hasta tres Super Bowls, las dos primeras ante los infortunados Bills de Jim Kelly. En la primera, en enero de 1993, Aikman fue el MVP del partido. © Jerry Coli/Dreamstime

Archie Manning, padre de Cooper, Peyton y Eli, durante su etapa como quarterback de los New Orleans Saints. © Jerry Coli/Dreamstime

Eli no tenía el talento de su hermano Peyton pero aun así consiguió
dos Super Bowls con los Giants,
siempre contra los todopoderosos
New England Patriots de Tom
Brady. Manning fue designado
MVP en ambas ocasiones. Solo
Starr, Bradshaw, Montana y Brady
consiguieron más de un MVP de
una Super Bowl. No es mala compañía para el hijo menor de Archie
Manning. © Jerry Coli/Dreamstime

Bill Cowher es sinónimo de Pittsburgh Steelers. Entrenador de los Acereros de 1992 a 2006, Cowher consiguió ocho títulos de división y diez apariciones de postemporada. Sus Steelers llegaron dos veces al gran baile, pero solo pudieron ganar el título en enero de 2006 ante los Seattle Seahawks. © Jerry Coli/Dreamstime

pesar de acabar su trayectoria en los Denver Broncos, Peyton Manning disputó la mayor parte
e su carrera en los Colts de Indianapolis. Manning ganó una Super Bowl con cada conjunto.

Tom Brady está considerado por muchos el mejor jugador de la historia de la liga. Junto a su entrenador, Bill Belichick, formaron un dúo irrepetible en Nueva Inglaterra. La remontada en la Super Bowl LI ante los Falcons, tras ir perdiendo 28-3, es el testimonio definitivo de su grandeza.

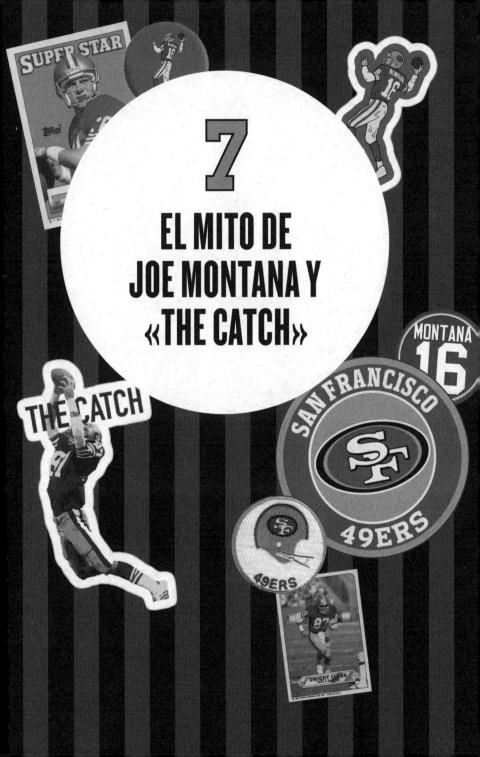

7
EL MITO DE JOE MONTANA Y «THE CATCH»

EL PARTIDO DE CAMPEONATO DE LA NFC de la temporada de 1981, disputado en el Candlestick Park de San Francisco, arrancó de manera inmejorable para los 49ers. En el primer ataque, Joe Montana, el hombre de Pennsylvania con apellido de un estado del Noroeste, dio buena muestra de su talento con un repertorio de pases cortos y lanzamientos en profundidad que desafiaron la férrea línea defensiva de los Dallas Cowboys. El touchdown estaba cerca. En la última jugada del drive, Solomon se puso en movimiento antes del snap, cortando de izquierda a derecha, Montana le entregó la pelota con un pase corto y el receptor rompió el intento de tackle de Thurman para dar la primera ventaja a los locales. Los fuegos artificiales no habían hecho más que empezar.

Bill Walsh, entrenador y director deportivo de los San Francisco 49ers, desafiaba esa tarde a un icono: el texano Tom Landry, entrenador de los Cowboys desde 1960, había dirigido ya unos 30 partidos de postemporada en toda su carrera. El desafío era aún mayor para los 49ers si tenemos en cuenta que los Dallas Cowboys no solo eran uno de los mejores equipos de la liga, sino que habían sido verdugos de los 49ers en postemporada hasta en tres ocasiones durante los años setenta[65]. El Candlestick Park quería venganza.

Dallas dio la vuelta al marcador gracias a un field goal de Rafael Septién y a un touchdown de Tony Hill, pero los locales volvieron a ponerse por delante tras un pase de Montana a Clarke. Acto seguido, el excelente running back Tony Dorsett anotó un touchdown para los texanos, que fueron capaces de mantener la ventaja (14-17) hasta el descanso. En el tercero, tras una intercepción por equipo, los locales dieron de nuevo la vuelta al marcador gracias a un touchdown de Johnny Davis que puso el 21-17 a su favor.

Montana había tenido algunos errores, pero estaba pletórico, sus ojos parecían registrarlo todo. Sus compañeros sabían que para acabar con la maldición de los blanquiazules había que llegar a un final apretado y que la sangre fría de Joe decidiera el duelo.

En el arranque del último cuarto, los Cowboys se pusieron a un punto tras otro field goal de Septién. En el drive siguiente, los 49ers no pudieron aguantar la presión de la defensa de Dallas y perdieron otra pelota[66], que Dallas aprovechó para anotar touchdown. Con un 21-27 a su favor, Walls interceptó a Montana por segunda vez,

---

65. Desde el establecimiento de la Super Bowl, los 49ers habían logrado clasificarse para la postemporada en tres ocasiones entre 1970 y 1972, siempre sucumbiendo ante el poderío de los Cowboys.
66. Serían seis los turnovers de San Francisco a lo largo de todo el partido, el doble de los cometidos por el equipo visitante.

pero los texanos no lograron mantener mucho tiempo la posesión. El balón volvía a San Francisco a falta de cuatro minutos y 54 segundos. Montana y los Niners tenían su oportunidad.

El joven mariscal de Frisco, de apenas 25 años, se puso el casco con soltura, pero antes de amarrarlo intercambió con Walsh un par de opiniones. Los seis turnovers habían desatado las alarmas, pero a la vez habían sugerido a los de San Francisco planes alternativos. Ahora estaba todo en manos de la sangre fría de un personaje que solía ver huecos allí donde otros percibían muros. Montana sentía que era la oportunidad de su vida. Tras las indicaciones del entrenador, el numero 16 ingresó al campo con la tranquilidad de un veterano. En el huddle concienció a sus compañeros de que había llegado el momento clave y les transmitió confianza, seguridad e ilusión.

El drive arrancó en la yarda 11 de los Niners. En los primeros envites Montana conectó con facilidad con el running back Elliott. El Candlestick Park rugía alentando a los suyos y los Niners seguían avanzando. En un delicadísimo tercero y tres, los Cowboys cayeron en la trampa del offside y regalaron otro primer down a los Niners, que se encontraban ya en sus propias 41. Un pase de Montana a Earl Cooper permitió ganar 5 yardas más. Joe estaba muy caliente. A falta de 58 segundos, la situación era de tercero y tres. Los 49ers eligieron una formación con dos running backs detrás de Montana. Solomon iría por la derecha; ligeramente adelantado por ese mismo flanco se posicionó Dwight Clark. La idea era simple: un pase corto y rápido para Solomon que, corriendo en trayectoria exterior, recogería el pase de su quarterback. Pero

Solomon resbaló, Clark quedó fuera de la jugada y Montana se encontró de repente rodeado de tres bestias: Ed «Demasiado Alto» Jones, Larry Bethea y D.D. Lewis. Las opciones de que aquello acabara bien para San Francisco parecían escasas. Las alternativas eran correr en búsqueda de la línea lateral para hacer un último intento en el cuarto down y evitar el sack o lanzar un incompleto para, de igual forma, tratar de disponer de una última oportunidad. El Candlestick Park retenía el aliento, Montana forcejeó un movimiento...

Los 49ers son el orgullo de la parte noble de la bahía de San Francisco. A diferencia de la gran mayoría de franquicias californianas, no son una organización originalmente establecida en la Costa Este o el Medio Oeste. Los San Francisco 49ers se habían fundado en junio de 1944 en las tierras del Oeste. Su nombre no deja lugar a dudas: este número 49 que todavía hoy corona los cascos de los de rojo y dorado conmemora el estallido de la fiebre del oro en California en 1849.

La llegada de Bill Walsh en 1979 había marcado el inicio de una nueva era para la franquicia. Nacido en Los Angeles en 1931, Walsh contaba con una larga experiencia en los banquillos. Llegaba a San Francisco tras brillar como entrenador asistente en los Bengals y dirigir a la Universidad de Stanford, entre muchos otros cargos. El angelino destacaba a la hora de contratar a agentes libres que encajasen en su sistema, y tampoco se le daban mal los drafts. En la tercera ronda del de 1979, su primer año en San Francisco, había elegido a un muchacho de Pennsylvania que había destacado en su último año en Notre Dame, en la única temporada en la que había sido quarterback titular. Resulta curioso pensar que en aquel draft de 1979 los Cowboys tuvieron la posibilidad de seleccionar a Joe Montana antes que los 49ers, y no lo hicieron al considerar que con Staubach tenían la posición bien cubierta. Aunque lo cierto es que en 1979, Montana, con su aspecto a lo Kevin Costner, no era un proyecto de estrella. Ni era especialmente ágil ni, sobre todo, algo que asustaba mucho los ojeadores, tenía un brazo poderoso. Bill Walsh, sin embargo, había detectado otras características: una gran precisión en el pase, capacidad para mantener la calma bajo presión (de aquí que su apodo fuera «Joe Cool»), una fe absoluta en sí mismo y sus compañeros que le permitía liderar grandes remontadas (de aquí otro de sus apodos: «Comeback Kid»[67]) y un gran olfato para elegir la jugada más conveniente en cada momento. Joe Montana era el intérprete ideal de la West Coast Offense que Walsh había empezado a idear durante su etapa como coordinador de los Bengals. Este sistema consistía (y consiste aún hoy en día) en propiciar avances a través de pases cortos, en espacios generados por recorridos en horizontal de los receptores o de los tight end.

Durante sus años mozos, Montana ya había demostrado saber guiar a los suyos a remontadas memorables. Una de ellas fue especialmente épica. Los Fighting Irish de Notre Dame se enfrentaban a los Cougars de Houston en el Cotton Bowl de 1979, disputado en la ciudad de Dallas. Las condiciones atmosféricas se presentaban anómalas aquel día, retorcidas por un inusual frío que no se

---

67. Hasta en 31 ocasiones Joe Montana consiguió remontar partidos en los que había empezado el último cuarto perdiendo.

registraba en Texas desde hacía 30 años. El joven Joe Montana no estaba en buenas condiciones físicas, aquejado de fiebre. Los Cougars ganaban 20-12 al descanso y, tras sufrir hipotermia, Montana no volvió a la cancha para el tercer cuarto. Por sugerencia del personal médico del equipo se quedó en el vestuario tomando el remedio doméstico eterno de América: una sopa de pollo caliente.

La situación en la cancha empeoró sensiblemente: sin Montana, los Cougars se pusieron 34 a 12. El partido parecía finiquitado. Con menos de ocho minutos por jugar, a la desesperada, el coach Dan Devine llamó a Joe Cool, lo que desató el entusiasmo de los aficionados, que a estas alturas ya habían aprendido del joven quarterback que jamás había que perder la fe. Montana no falló y consiguió apretar el partido. Aun así, Houston tenía la posesión con 30 segundos para el final y seis puntos de ventaja. En una situación de cuarto down y una yarda, en lugar de patear, los Cougars decidieron intentar ganar el down corriendo. Notre Dame bloqueó el intento y regaló a Montana una oportunidad para intentar el milagro.

Con el tiempo agotándose, a la desesperada, Comeback Kid lanzó un magnífico balón a Kris Haines que supuso el empate. Los aficionados de Notre Dame no cabían en sí de gozo. Montana lo había vuelto a hacer, esta vez contra todo pronóstico y en circunstancias harto adversas. El punto adicional, que tuvo que ser repetido dos veces, certificó una de las más épicas remontadas en la historia del fútbol universitario y quizás uno de los partidos más memorables de Joe Montana, un hito conocido desde entonces como «el Partido de la Sopa de Pollo».

Pero todo aquello queda ahora lejos, en el pasado. La temporada de 1981, tercera de Bill Walsh y tercera de Montana en la bahía, había discurrido de forma excelente. La defensa se había mostrado muy sólida y Montana había crecido sobremanera como jugador. Con un balance de 13 victorias y solo 3 derrotas, era sin duda la mejor campaña de la historia de la franquicia hasta la fecha[68] y podría marcar el nacimiento de una nueva dinastía. Pero todo pasa por Joe Montana, al que hemos dejado forcejeando en la cancha, en busca de posición para completar un pase.

En una fracción de segundo, Montana logra engañar a Jones con un amago de pase. Demasiado Alto cae en la trampa, dejando descubierto a Joe Cool y confundiendo también a sus propios compañeros. Montana lo aprovecha para lanzar una parábola alta sin demasiada velocidad. La grada contiene el aliento. El balón parece que se va a ir largo cuando, de repente, de forma providencial, casi mágica, al fondo de la cancha aparecen las manos de Dwight Clark. Las puntas de las uñas del receptor agarran milagrosamente el balón y empata el partido a 27.

En el preciso instante en que la pelota salía de la mano derecha de Joe Cool, el entrenador de los 49ers miró enseguida su hoja con las tácticas para preparar la última jugada del partido. No podía imaginar el desenlace de ese lanzamiento. Tampoco el protagonista del pase pudo contemplar en vivo la histórica recepción. Inmediatamente después de haber soltado la pelota fue tumbado por un defensa de los Cowboys y solo se enteró del milagro al

---

68. Los Niners consiguieron igualarla en la temporada de 2019.

oír el griterío del Candlestick Park. Ni Walsh ni Montana pudieron ver con sus ojos la recepción más famosa de la historia: la célebre «The Catch». Rey Wershing, austríaco, hijo de un carpintero yugoslavo, se encargó de la patada adicional que supondría el 28-27 definitivo para San Francisco. Caía Dallas, los 49ers ganaban el primer campeonato de su historia y con ello el acceso a la Super Bowl XVI.

La semana siguiente, *Sports Illustrated* sacó en portada la fotografía tomada por Walter Iooss Junior que contribuyó a congelar en las vitrinas de la historia la recepción triunfal. Imagen que no solo haría de «The Catch» un icono de los años ochenta, sino el manifiesto definitivo de un deporte que empezaba a ser seguido más allá de las fronteras de Estados Unidos. En la instantánea de Iooss se aprecia el tremendo esfuerzo de Clark, en ascenso hacia el cielo gris de Frisco para atrapar con la punta de sus uñas el ovoide mientras el 24 de Dallas contempla impotente el giro histórico que se está produciendo ante sus ojos.

La Super Bowl XVI se disputó la semana siguiente en el Pontiac Silverdome de Detroit. Los 49ers se encontraban frente a frente con un equipo de sobras conocido por el coach Walsh: los Cincinnati Bengals. Antes del partido, Diana Ross, la estrella de la Motown, realizó una ejecución magistral del himno nacional. La grada la ovacionó. La expectación era máxima. Todo estaba a punto para el gran partido.

San Francisco dominó claramente el primer tiempo, que acabó con un contundente 20-0. En el primer drive de su vida en una Super Bowl, Joe Montana completó cinco de seis pases y movió su ataque al son del estilo favorito de Walsh a lo largo de 68 yardas, encargándose de rematar el ataque enfilando él solo hacia la end zone. Antes del descanso, hilvanó un drive de 92 yardas que acabó con otro touchdown. Cincinnati perdió tres pelotas durante esta nefasta primera mitad.

En el segundo tiempo, los Bengals remaron y remaron, pero murieron a pocos metros de la orilla, incapaces de dar la vuelta al encuentro, que acabó 26-21 para los californianos. Ante más de 81.000 espectadores, los 49ers conquistaban su primera Super Bowl y Montana lograba su primer MVP en semejante marco[69]. Empezaba a ser patente que las hazañas de Montana no eran proezas aisladas. Los 49ers parecían tener los mimbres para convertirse en una dinastía.

Marcada por un calendario reducido debido a la huelga de jugadores, la temporada de 1982 fue complicada para los Niners, y no lograron alcanzar los playoffs. Aquella sería su última campaña perdedora durante los siguientes 17 años. En 1983, llegaron al partido de Campeonato, del que salieron derrotados a manos de los Washington Redskins. El conjunto capitalino arrancó dominando el partido 21-0 y aunque tembló durante el intento de remontada de Montana, logró el triunfo final con un ajustado 24-21 y alguna cuestionable decisión arbitral.

Sería la campaña de 1984 la que vería a los 49ers alzarse como una tormenta perfecta: cosecharon 15 victorias en

---

69. Para la locura estadística quedaría este encuentro como el primer gran baile en el que el equipo derrotado ganó más yardas que el ganador, dato que no hace más que demostrar la colosal calidad de la defensa de San Francisco y la destreza de Montana a la hora de convertir los errores de sus adversarios en puntos decisivos para los suyos.

16 encuentros, un récord que solo sería superado por los Patriots de Nueva Inglaterra en 2007. Durante la postemporada, se llevaron por delante a los Chicago Bears primero y a los New York Giants después, dos de los equipos más poderosos de la década, sellando con honores su acceso a la Super Bowl XIX, un encuentro que enfrentaría a dos jóvenes pero ya rutilantes estrellas: Joe Montana y Dan Marino.

Si bien los Miami Dolphins ya no eran el gran equipo defensivo de antaño, Marino capitaneaba una ofensiva que provocaba respeto y temor. Nacido también en Pennsylvannia, hijo de un repartidor de periódicos de origen italiano y de una madre de origen polaco, el quarterback de los Dolphins tenía una destreza especial para leer los movimientos de las defensas rivales y un brazo descomunal que le permitía lanzar a gran velocidad. Era su segundo año y sus números ya le proyectaban como uno de los grandes dominadores del futuro. Los periódicos de la época se mostraban convencidos de que la Super Bowl XIX iba a ser un duelo que se repetiría en los años venideros. Nacía la rivalidad de la década: Montana contra Marino.

No hubo partido. En el Stanford Stadium, a apenas 30 millas del hogar de los 49ers, Joe Montana y los suyos machacaron 38-16 a los Dolphins de Marino que, pese a completar grandes temporadas en los años siguientes, jamás volvería a un gran baile. De hecho, este sigue siendo el último encuentro de Super Bowl disputado por los Miami Dolphins. Montana demostró todo su talento lanzando tres pases de touchdown, completando 24 de 35 intentos para un total de 331 yardas, lo que representó un nuevo récord en la Super Bowl. Joe demostró ser una estrella capaz de hacer mejores a sus compañeros, un fenómeno que se crece en los grandes momentos y que no tiene miedo a los duelos individuales.

Procedente de los Bucaneros de Tampa, los 49ers ficharon en 1987 a Steve Young, iniciando sus maniobras para un eventual reemplazo de Montana. Pero Joe no se dejó intimidar por el nuevo quarterback. Todo lo contrario. La competencia lo fortaleció y lo impulsó a ser aún mejor atleta. En la temporada de 1988, San Francisco se clasificó por sexto año consecutivo para los playoffs, donde superaron con contundencia a Vikings (34-9) y Bears (28-3), y entraron por tercera vez con honores a un gran baile: la Super Bowl XXIII, disputada en Miami el 22 de enero de 1989. Frente a ellos, los Cincinnati Bengals.

Fue sin lugar a dudas la Super Bowl más difícil para los 49ers de Montana. La primera mitad acabó en un escueto empate a 3. En el tercer cuarto, el Bengal Stanford Jennings retornó una patada corriendo por 93 yardas. Montana respondió inventándose un drive quijotesco de 93 yardas que culminó con una gran recepción de Jerry Rice, héroe del encuentro y por entonces receptor fetiche del Comeback Kid.[70]

---

70. Jerry Rice había jugado cuatros años en Mississippi Valley State, donde dominó tanto que lo apodaron «World» por su habilidad para atrapar todo lo que pasaba a su alrededor. Nadie discutía sus buenas manos, pero su punta de velocidad causaba desconfianza entre los ojeadores. El coach Walsh había percibido el talento del muchacho y lo veía como un excelente comodín, pero tenía que inventarse una argucia para poder elegir antes que los Cowboys (¡ellos otra vez!), que a su vez habían mostrado interés por el wide receiver de Mississippi. Los 49ers hicieron un canje con los New England Patriots antes del draft de 1985 y con el número 16 se llevaron a Jerry. Fue una de las mejores jugadas fuera de la cancha en la historia de la franquicia californiana.

Con un 16-13 para los Bengals a falta de tres minutos y 10 segundos para la conclusión, los 49ers tenían el ovoide en un punto crítico: en sus propias 8 yardas. Con una tremenda sangre fría, Montana decidió sorprender con dos pases por dentro. Cincinnati se esperaba pases cercanos a la banda de manera que, una vez recibida la pelota, el corredor saliera de las rayas y detuviera así el reloj. Nada de eso. El siguiente pase sí fue sin embargo hacia la banda. Lo atrapó Jerry Rice para una ganancia de 7 yardas. El no-huddle[71] de Montana seguía asustando y descolocando a los Bengals, que, sin embargo, no se dejaron sorprender por el intento de carrera de Craig, que logró ganar solo una yarda. Se llegó al tiempo muerto obligatorio de los dos minutos con los 49ers en sus propias 31 yardas y con un decisivo tercero y 2 por jugar.

Craig no tuvo miedo. Bajó la cabeza y conquistó 4 yardas que mantuvieron el drive vivo. En ese momento, Montana decidió que era el momento de volver a estimular a su receptor fetiche. Jerry Rice corrió una trayectoria perfecta hacia fuera y se separó de su marcador, abriendo el espacio necesario que necesitaba Montana para entregarle la pelota. Con la rapidez de siempre, y la sangre fría de sus momentos mágicos, Joe entregó de forma soberbia el balón directo a las manos de Rice para una jugada de 17 yardas que puso a los californianos en territorio enemigo. No había respiro. Montana no cometía errores y los Bengals parecían abrumados por el aura de leyenda que emanaba del jugador.

---

71. Se refiere al hecho de empezar un ataque sin que el quarterback junte a sus jugadores para explicarles la jugada que van a realizar.

A pesar de que los Bengals seguían por delante en el marcador, el avance de los Niners parecía imparable cuando, de pronto, todo se complicó. A un minuto y 17 segundos para el final, Montana tenía que enfrentarse a un segundo intento con 20 yardas por delante para alcanzar el primer down. Joe no dudó en buscar de nuevo a Rice, que arrancó a la derecha de su quarterback, corrió unas 10 yardas y viró como un bailarín hacia la izquierda, donde Montana lo encontró. Recibiendo de Montana, Rice se giró y llegó hasta las 18 yardas de Cincinnati, donde un tackle milagroso de Ray Horton salvó momentáneamente la situación para los suyos. El pase de Montana a Rice resultaría ser la jugada más larga de todo el ataque. Siguió un lanzamiento por dentro a Craig de 8 yardas. Los Bengals estaban ya sumidos en una confusión total. Era una jugada que los 49ers habían repetido cuatro veces a lo largo del drive y en cada oportunidad Cincinnati se había mostrado impotente. Estaban ya los 49ers a solo 10 yardas del paraíso. Habían llegado hasta aquí con muchos pases para Craig, los milagros de Jerry Rice y un lanzamiento para John Frank, pero ¿qué debían hacer ahora?

Walsh dispuso una formación con dos running backs y Rice en movimiento. Montana recibió, miró y en una fracción de segundo vislumbró la trayectoria entera de John Taylor. El lanzamiento fue perfecto y a Taylor no le temblaron las manos: embolsó el balón y anotó el touchdown definitivo. La inmortalidad ascendió sobre el Joe Robbie Stadium de Miami y se expandió por el mundo NFL. 20-16 para los de San Francisco y el ascenso hacia los laureles de la gloria en las alas de su tercera Super Bowl.

Con tres Super Bowls acabaría la trayectoria de Bill

Walsh como entrenador, pero no la de Joe Montana, que en la temporada de 1989 volvería a clasificarse con sus 49ers para una nueva Super Bowl, revalidando el título y con ello rubricando su primer back-to-back. Si la temporada regular de 1989 había sido un paseo, en la postemporada los Niners fueron una apisonadora. Montana lanzó más de 3500 yardas y 26 touchdowns. Con solo 8 intercepciones, completó el curso entero con una valoración de 112.4, un registro de otro mundo. Jerry Rice, MVP de la Super Bowl XXIII el año precedente, se confirmó como otro fuera de serie: 82 pases recibidos y 17 touchdowns. El que fuera héroe final de la victoria en Miami el año anterior, Jack Taylor, elevó su juego durante la nueva campaña y más allá de retornar patadas de alejamientos, se consagró superando las 1000 yardas y anotando 10 touchdowns.

Tras destrozar a Vikings y Rams, los 49ers realizaron una nueva demostración de poderío ofensivo y defensivo dando una auténtica clase magistral en el Superdome de Nueva Orleans a los Denver Broncos de John Elway. El 55-10 que resplandecía en el marcador al final del encuentro supuso la diferencia más grande en una Super Bowl.

Los 49ers volverían a la senda del triunfo a mediados de la década de los noventa, ya con Steve Young como guía y mariscal de campo, mientras Montana acabaría sus días como profesional ofreciendo destellos de su talento celestial luciendo durante dos temporadas la playera de los Kansas City Chiefs. El 18 de abril de 1995, con cuatro Super Bowls en el bolsillo y consagrado como uno de los mejores jugadores de todos los tiempos, anunció oficialmente su retirada en un acto público en San Francisco. Le acompañaron, entre otros, su mentor Bill Walsh.

8

LA DULZURA DE LOS CHICAGO BEARS DE 1985

WALTER «SWEETNESS» PAYTON estaba hundido en el vestuario del Candlestick Park de San Francisco recién concluido el encuentro, bajo la llovizna, aquel 6 de enero de 1985. Después de diez temporadas en la NFL, tras mucho esfuerzo y dolor, finalmente su equipo había logrado clasificarse para una final de Conferencia. Payton se había dejado la piel en el campo aquella tarde: intentó 22 jugadas de carrera para unas 92 yardas que resultaron inútiles contra la granítica defensa de los anfitriones 49ers, que derrotaron de forma inapelable a los Bears (23-0). «He necesitado diez años para llegar aquí y quizás necesitaré otros diez para volver», espetó amargamente Payton.

Muchos consideran a Walter Payton el mejor running back de todos los tiempos. Walter sabía correr, trazar y cortar. Pero también sabía recibir, y de qué manera: Payton es el jugador que más yardas ha ganado en recepción a lo largo de su carrera sin ocupar la posición de wide receiver. Asimismo, era un tremendo bloqueador. Exuberante en el campo, fuera de él era un personaje solitario, una especie de anacoreta que pasaba la postemporada entrenándose a solas. Lo apodaban «Dulzura» por su calidez en el trato personal. No había otro como Payton.

Nacido el 24 de julio de 1955 en Columbia, Mississippi, hombre de raza negra en unos tiempos difíciles, empezó a dar muestras de su talento futbolístico en el Jefferson High School, llevando a los suyos a una temporada de ocho victorias en diez partidos. A causa de la segregación racial, Payton optó por la Universidad de Jackson State, que alojaba únicamente a alumnos de raza negra. Era una escuela pequeña y poco conocida en el panorama deportivo en la que ya había estudiado su hermano mayor. Pese a tener poca exposición, Payton lograría asombrar al país. Sumó números de escándalo, acabando en cuarta posición en las clasificaciones para el prestigioso Heisman Trophy[72]. En 1975, fue seleccionado por unos Chicago Bears que ansiaban reverdecer viejos laureles.

Los Chicago Bears, uno de los equipos más laureados de la NFL en los años previos a la Super Bowl, con ocho campeonatos (uno menos que sus eternos rivales, los Green Bay Packers), vivían por aquel entonces sus horas más bajas tras la retirada de su histórico entrenador, George Halas, apodado tanto «Papa Bear» como «Mr. Everything». La trayectoria de Halas, una leyenda en Chicago, merece

---

72. Trofeo anual que conmemora al mejor jugador de fútbol americano en las ligas universitarias. El premio fue creado por el Downtown Athletic Club de Nueva York para honrar originalmente al mejor jugador de fútbol universitario al este del río Mississippi. Tras la muerte de John Heisman, director deportivo del club, el trofeo fue renombrado en su honor y pasó a considerar también a los jugadores al oeste del Mississippi, río que divide geográficamente el país.

una enciclopedia entera aparte, así que baste mencionar aquí que no solo fue fundador, jugador, entrenador, dueño y presidente de los Chicago Bears (pocos apodos habrá más concisos y merecidos en el mundo del deporte), sino que sirvió en la Marina de su país tanto en la Primera como en la Segunda Guerra Mundial, y jugó profesionalmente trece partidos con los Yankees de Nueva York entre mayo y junio de 1919, año en que los Bombarderos del Bronx ficharon a Babe Ruth procedente de los Boston Red Sox[73]. Con todo, la temporada de 1975, la de debut de Walter Payton, fue una auténtica pesadilla. En su estreno contra los Colts no logró correr ni una sola yarda, tras ocho intentos. En todo aquel curso anotaría solo siete touchdowns y recorrería menos de 700 yardas. Sin embargo, al año siguiente ya corrió 1390 yardas que le valieron su primer viaje a la Pro Bowl, el partido de las estrellas de la NFL. En aquella temporada de 1976, su segunda como profesional, creció muchísimo también como receptor, empezando a mostrar su otra faceta. Llevó a los suyos a un registro de 8-8 que suponía una mejora tras siete campañas con más derrotas que victorias. En su tercer año, Payton logró llevar a los Osos a los playoffs. Su ductilidad en cancha le valió el premio MVP de la temporada 1977, gracias a haza-

---

73. El legendario fichaje de Babe Ruth se oficializó en los primeros días de 1919. Por aquel entonces, los poderosos Red Sox tenían ya en su palmarés nada menos que cinco Series Mundiales. Estaban transfiriendo a sus eternos rivales, todavía sin laureles entonces, al que todavía hoy es considerado el mejor jugador de béisbol de la historia. Cuenta la leyenda que un enfurecido Ruth lanzó una maldición contra los Red Sox: «Nunca volveréis a ganar las Series Mundiales». Una profecía que acabaría prolongándose durante más de 80 años, durante los cuales los Yankees se convirtieron en la escuadra más ganadora del país. Finalmente, en 2004, tras una legendaria remontada justamente contra los Yankees, los Red Sox lograron desprenderse del maleficio.

ñas memorables como las 275 yardas en carrera logradas contra los Minnesota Vikings.

Para la temporada de 1978, Chicago fichó a Neill Armstrong como entrenador jefe en sustitución de Jack Pardee, pero el nuevo capataz conseguió únicamente una clasificación para playoffs, en 1979. Tras darle cierto margen de mejora no satisfecha a Armstrong, los Chicago Bears, como una especie de último regalo en vida de George Halas (todavía presidente de la franquicia), para el arranque de la campaña de 1982 se hicieron con los servicios de Mike Ditka.

De ascendencia ucraniana y polaca[74], nacido en el entorno de la industria acerera de Pennsylvania, Ditka había jugado como tight end en los Chicago Bears entre 1961 y 1966, durante la última época dorada de la franquicia, entrenada por Halas. Era miembro de la plantilla que había logrado el último campeonato de la NFL para los Osos en 1963. Conocía las vísceras de la franquicia, el alma de la ciudad, la mentalidad de su gente. Su carrera de jugador había concluido defendiendo la camiseta de los Dallas Cowboys y levantando la Super Bowl VI[75]. Tras colgar el casco a la conclusión de la temporada de 1972, había retornado el año siguiente ya vestido de calle al mismo vestuario de los Dallas Cowboys para ejercer como entrenador asistente del legendario Tom Landry. En ese rol consiguió

---

74. Tal y como le había sucedido a la de Unitas, la familia Ditka había sufrido un cambio de apellido en los mostradores de Ellis Island. El apellido genuino era Dyczko, de clara raigambre polaca y de deletreo inasumible para los oficiales de inmigración norteamericanos.
75. Ditka triunfó en la Super Bowl VI. En el Tulane Stadium de Nueva Orleans, los Vaqueros de Landry machacaron a los Delfines de Shula (24-3).

levantar la Super Bowl XII[76]. Fogueado como entrenador junto a una leyenda, durante sus últimos meses en Dallas, Mike Ditka escribió una carta a George Halas en la que confesaba a su mentor que nada le gustaría más que volver a la «Ciudad del Viento». Y añadía sentirse totalmente preparado para ejercer allí el papel de entrenador jefe.

En aquellos primeros años de lo que acabaría siendo una de las décadas más trepidantes de la historia del deporte, especialmente para la NFL y la NBA, deportivamente la ciudad de Chicago estaba en plena crisis. Tanto Cubs como White Sox sumaban fracaso tras fracaso, más de veinte años separaban a los Blackhawks de su última Copa Stanley (1960) y Michael Jordan era todavía un muchacho atrevido que lucía el azul de la Universidad de North Carolina.

Dikta parecía un loco, pero tenía fuertes convicciones y así se lo había hecho saber a la plantilla antes del primer entreno en 1982: «Si creéis en mí, en tres años iremos juntos al gran baile». Pronto todos entendieron que aquel era el hombre que el equipo necesitaba. Mike hablaba claro, sin marear la perdiz. Nunca había sido diplomático, pero sí una esponja a la hora de empaparse de la sabiduría de Halas y Landry.

Su primera elección como nuevo entrenador fue el quarterback de Brigham Young Jim McMahon. Como resultado de un accidente doméstico en la infancia, el

---

76. El segundo título de los Vaqueros, logrado también en Nueva Orleans, pero en distinto escenario: el impresionante Louisiana Superdome, entonces recién estrenado. Dallas, gracias a una gran segunda mitad, superó a los Broncos de Denver con un contundente 27-10.

quarterback sufría de sensibilidad ocular aguda por lo que era incapaz de exponerse en exceso a la luz natural y era habitual verlo luciendo gafas de sol en público. Este uso se convertiría en su seña de identidad, anticipando la tendencia que posteriormente arrasaría el planeta tras el estreno de *Top Gun*. Muchos creían que un hombre así no podía jugar en el mundo profesional, por buena que hubiera sido su trayectoria universitaria. Muchos se equivocaron.

Pese a las amargas lágrimas de Payton en el Candlestick de San Francisco, las cosas habían ido cuajando con Ditka y aún retumbaban sus palabras antes de aquel primer entreno de 1982. En el draft de 1985, el entrenador eligió al fullback William «The Refrigerator» Perry. Todo estaba listo para la temporada de 1985, cuarta temporada de Ditka y, técnicamente, calendario en mano, tercer año desde 1982.

La puesta en escena contra los Buccaneers supuso una colosal decepción. Los Osos encajaron 28 puntos en la primera mitad, pero la ofensiva espabiló tras el descanso. En la primera jugada del segundo tiempo, una intercepción de Steve DeBerg retornada hasta la end zone cambió el rumbo del partido. Jim McMahon dio un espectáculo absoluto y los Bears concedieron solo 95 yardas en los últimos 30 minutos. Payton superó las 100 yardas en 17 acarreos, claves para el triunfo de los suyos.

En la segunda semana, jugaron otro partido en casa, esta vez contra los Patriots. La defensa estuvo firme y el encuentro acabó en un cómodo triunfo. Nada que ver con el primer partido a domicilio en el Metrodome. En Minneapolis, los Bears confiaron en su quarterback reserva, Steve Fuller, por una lesión del hombre de las gafas de sol. En el tercer cuarto, McMahon volvió al rescate. Apenas amarrado el casco, Jim se inventó un pase enorme para el dorsal 83 Willie Gault, que anotó touchdown. McMahon era un maestro aprovechando la descomunal velocidad de Gault, hombre que no en vano había sido campeón en la prueba de relevos 4x100 en la primera edición de los Campeonatos Mundiales de Atletismo, celebrados en Helsinki en 1983. Gault no participó en los Juegos Olímpicos de Moscú por el boicot de su país[77]. En la siguiente jugada que tuvo la pelota, McMahon encontró a McKinnon, logrando otro touchdown para los Bears. Los dos primeros pases del muchacho de las gafas de sol habían acabado con sendos touchdowns. En siete minutos los de Chicago ya llevaban tres. ¡El saqueo del Metrodome era un hecho! La NFL empezaba a darse cuenta de que los Bears no eran un equipo normal. Impresionaban los recursos ofensivos y la tranquilidad con la que McMahon se manejaba bajo presión.

En la cuarta semana, los de Ditka jugaron su tercer partido en casa, en el Soldier Field[78]. Otra vez la defensa empezó con cierta timidez. Los Bears iban perdiendo 0-10 contra los Redskins cuando nuevamente una jugada puntual les sirvió para darle la vuelta a la tortilla. Tras la patada del 0-10, los Redskins ejecutaban el kick off que

---

77. Los Estados Unidos, junto con otros países aliados, boicotearon los Juegos de Moscú para protestar contra la invasión soviética de Afganistán. La URSS, junto con la gran mayoría de naciones del bloque comunista, respondieron con la misma moneda cuatro años después en Los Angeles.

78. El estadio fue construido en los años 20, pero los Bears no jugarían en él hasta principios de la década de 1970. En su primera etapa, el recinto albergó eventos y exposiciones, siendo finalmente remodelado para hospedar a los Bears.

sería recibido por Willie Gault, el esprínter de los Bears. El muchacho empezó a correr como el relevista que era y no paró hasta entrar en la end zone rival: ¡99 yardas de pura locura! Chicago acabó arrollando a los Redskins 45-10. En la quinta semana, contra los Tampa Bay Buccaneers, Chicago firmó su quinta victoria en otros tantos partidos. La clave era sin duda el enorme talento ofensivo de Payton, McMahon, Gault y compañía.

A partir de la sexta semana, la defensa de los Chicago Bears empezó a destrozar a sus adversarios. Mike Ditka se había encerrado en su despacho con el coordinador defensivo del equipo, Buddy Ryan, y no salieron hasta tener bien atada un nuevo tipo de defensa, que pasaría a la historia con el nombre de «46 Defense». Esta nueva disposición defensiva establecía la presencia de ocho jugadores en el box, esto es, muy cerca del área en la que se encuentra la pelota antes del snap. Seis de estos ocho jugadores actuaban junto a la línea de scrimmage y de ellos cuatro ocupaban una posición de línea mientras los dos restantes se colocaban como linebackers, es decir ligeramente atrasados en relación a la línea de scrimmage. Tras ellos formaban dos defensive backs. El propósito principal de esta disposición era ahogar al quarterback y causar caos y confusión en el ataque rival en su conjunto.

En la sexta jornada no se disputaba un partido cualquiera. El viaje a San Francisco suponía para los Osos un desafío con distintos objetivos. Era la ocasión de resarcirse de la derrota en el encuentro de playoffs de la temporada precedente; era también para Ditka la oportunidad de vapulear al entrenador rival que, en el transcurso de aquel mismo encuentro que acabara con las lágrimas de Payton, había tenido la desfachatez de colocar al dorsal 62 de los 49ers, McIntyre, originalmente un guard, en posición de fullback. Una ofensa total. A todo ello, se sumaba la ocasión de derrotar en su propia cancha y ante su gente al mejor equipo de la liga.

Dicho y hecho: Walter Payton marcó en la primera posesión, enfriando el Candlestick Park ya desde el arranque. En total Payton corrió por 132 yardas. La defensa tambié rayó a buen nivel. Tumbaron hasta en siete ocasiones a Joe Montana, estableciendo entonces un récord de sacks ante el fenómeno de New Eagle. Pero faltaba la guinda del pastel, la jugada que destruyera la moral de los 49ers.

Ditka, ardiendo en sus entrañas, decidió poner a «Refrigerador» Perry en posición de ¡fullback! No solamente lo empleó como bloqueador, sino que diseñó una maniobra en la que le entregaron la pelota. Una revancha aliñada con un toque de mostaza. El encuentro acabó 10-26 para Chicago. Venganza consumada. Lo de Perry sin embargo no fue una locura aislada: la semana siguiente, Refrigerador anotó un tremendo touchdown entre las risas de los comentaristas que, sorprendidos, gozaban viendo el estilo de carrera poco ortodoxo de Perry en la cancha de Chicago y nada menos que contra los eternos rivales, los Green Bay Packers. Los Bears seguían invictos.

En la novena semana, unos Bears desatados devolvían visita al conjunto de Green Bay. Aquel fue un encuentro durísimo con intercambios de golpes que iban más allá del reglamento. La defensa de los Packers resistió las embestidas de Payton, que aun así estuvo fantástico a lo largo de toda la tarde. Un touchdown suyo tras correr 27 yardas selló la victoria de los Bears 10-16. Perry seguía saboreando touchdowns: marcaba por lanzarse en carrera y también recibiendo milimétricos pases de McMahon. En el partido contra los Cowboys de Dallas en la undécima semana, los Osos dejaron en blanco a los Vaqueros. El 44-0 que les endosaron en Chicago era la peor derrota jamás sufrida por el equipo texano. Dikta había dado un repaso absoluto a Landry, el hombre que había sido su jefe durante más de una década.

Durante tres encuentros consecutivos en el mes de noviembre de 1985, los Chicago Bears habían encajado un total de 3 puntos contra Lions, Cowboys y Falcons. Y con ello, y dado su estilo tan particular, otra estadística imposible emergía a la luz: la defensa de los Chicago Bears había anotado más puntos que todos sus contrincantes juntos en aquella racha. Payton corrió más de 100 yardas durante nueve partidos seguidos. Los Bears eran una máquina bien engrasada que avanzaba a gran velocidad. Algunos hablaban ya de acabar la temporada invictos.

¿Qué equipo quería evitar más que ningún otro que los Bears lograsen una temporada perfecta? Sin duda los Miami Dolphins, los únicos que habían completado un curso entero sin perder. La jornada 13 de la temporada regular, un lunes por la noche, con toda la nación delante del televisor, enfrentaba precisamente a Bears y Dolphins en Miami. Esa noche, el partidazo de Dan Marino desarboló la Defensa 46 y consiguió mantener vivo el récord logrado por la plantilla de 1972. Olvidada la posibilidad de una temporada sin derrotas, los Bears se rehicieron y rozaron la perfección en los siguientes partidos. Acabaron el curso 15-1 y se citaron con los New York Giants en la ronda divisional, jugada el 5 de enero de 1986.

El Soldier Field se había convertido en un incondicional aliado de los Osos. Disponiéndose el número 7 de los Giants, Kevin Butler, a efectuar la patada de alejamiento, el sol y el viento se conjugaron para desorientar al neoyorquino, que ni siquiera fue capaz de impactar el ovoide con su pie derecho. La bola cayó tontamente en el césped y fue recogida por Sahaun Gayle, que aprovechó el regalo para anotar el primer touchdown. Ese día el quarterback de Nueva York, Phil Simms, fue molido sin miramientos. Acabó aturdido, tras seis sacks y una buena sarta de golpes e impactos. Nueve de las once primeras posesiones de los Gigantes acabaron con un tres y fuera, es decir, sin conseguir ni siquiera un primer down. Por el contrario, McMahon dibujó un par de excelentes drives culminados con dos touchdowns, ambos del wide receiver Dennis McKinnon. Los Chicago Bears arrollaban 21-0 a los Giants y avanzaban a la siguiente parada en su camino hacia la gloria.

El partido de Campeonato de la temporada de 1985 se disputó en el hogar de los Chicago Bears el 12 de enero de 1986, con rachas de viento que llegaban a los 31 kilómetros por hora y una sensación térmica de 4 grados bajo cero. Recibían a los Rams de Los Angeles. Era la primera vez que el mítico estadio de los Osos, ubicado en el elegante Loop y a pocas manzanas del lago Michigan, albergaba un partido tan importante. En las épocas gloriosas de Halas, los Bears habían compartido el monumental y vetusto Wrigley Field con los Cubs, al norte de la ciudad. Aquella tarde, Dickerson, running back estrella del equipo californiano, solo corrió 46 yardas y perdió dos pelotas. McMahon lanzó un touchdown y corrió para anotar otro. La dulce nata sobre las fresas fue batida por Marshall, que recuperó una pelota y galopó escoltado impecablemente por sus compañeros hasta la end zone. Con 24-0 en el electrónico, Chicago avanzaba a su primera Super Bowl. Ya en el vestuario, Walter Payton saboreaba la gloria. El azote encajado en San Francisco parecía pertenecer a la era jurásica. La promesa de Ditka se había hecho realidad: tras tres años y cuatro temporadas, los Chicago Bears iban a saborear las mieles de un gran baile. Su rival: los Patriots de Nueva Inglaterra.

La Super Bowl XX se disputó en el Superdome[79] de Nueva Orleans el 26 de enero de 1986. Tras la ejecución del himno nacional a cargo del trompetista Wynton Marsalis, nativo de la vibrante ciudad sureña, Ditka mascó su chicle, pensativo, ilusionado. Ambos contendientes debutaban en una Super Bowl, pero el muchacho de origen ucraniano sabía que dirigía a una plantilla formidable. Aun así, los Patriots se pusieron por delante (0-3). En este punto el linebacker Mike Singletary glosó el estado de total confianza del equipo de la Ciudad del Viento. En el electrónico apareció la estadística de que en 15 de las 19 Super Bowls que se habían jugado hasta entonces el equipo que había marcado primero se había llevado el trofeo. Mike comentó a sus compañeros que la estadística era correcta, pero que ninguno de aquellos equipos se había enfrentado a los Bears. Efectivamente los Bears estaban tan pletóricos, tan seguros en todos los registros del juego, que en el siguiente ataque respondieron con contundencia: drive de 7 jugadas y 59

---

79. El recinto, estrenado en 1975 y todavía activo hoy, ha alojado durante su historia hasta siete Super Bowls. En 2005, tras el paso devastador del huracán Katrina, alojó a miles de evacuados.

yardas, un arriesgado pase de 43 yardas de Jim McMahon a Willie Gault y patada de Kevin Butler. Fueron los Osos paulatinamente, mordisco a mordisco, hacia la victoria. Wilber Marshall tumbó a Tony Eason, que perdió la pelota en las propias 13 yardas. Para el quarterback de los bostonianos el partido acabó en aquel momento. Los Bears conquistaron otra posesión y con otro field goal dieron la vuelta al electrónico (6-3). Tres jugadas después, los Bears marcaron el primer touchdown del partido tras una carrera de 11 yardas del fullback Matt Suhey. En el drive sucesivo, los Patriots dieron muestras de enajenación y se toparon otra vez con el infranqueable muro osezno. A continuación, McMahon movió impecablemente la pelota y en un santiamén llegó el 20-3. El dominio de Chicago en el primer tiempo había sido total.

El arranque del tercer cuarto certificó que aquellos Bears eran el mejor equipo del mundo, comparables a los Dolphins de 1972. En la primera acción ofensiva, McMahon amagó con dejar la pelota a Payton para un juego de carrera, la defensa de los Patriots cayó en el engaño, y el pase de 60 yardas lo capturó Gault. Ocho jugadas después, McMahon remató la faena corriendo hasta la end zone en el drive más largo en la historia de la Super Bowl. En la siguiente posesión de los Patriots, el cornerback de los Bears Reggie Phillips robó otra pelota retornándola a la end zone. Los Patriots, conjunto al que gustaba controlar el tiempo del juego en ataque, gestionaron la posesión en campo contrario solo durante 21 segundos.

La defensa de los Bears había dejado lo mejor que llevaba dentro para el partido más importante de la temporada: 7 sacks y encajando solo 7 yardas en total por tierra.

Llegó un momento durante el tercer cuarto en el que los Patriots computaban un número negativo de yardas recorridas. Engullidos por semejante vendaval, lo más increíble fue que Walter Payton no encontrara la end zone, algo que sí lograron, por otro lado, hasta seis compañeros suyos. Toda la atención de los Patriots se había centrado en él, cosa que generó enormes espacios que sus compañeros de equipo no dudaron en aprovechar. El encuentro acabó con un descomunal 46-10 para los Bears. Chicago conseguía su primera Super Bowl con total merecimiento.

Desde el cielo, Papa Bear aplaudió semejante espectáculo y el logro que tanto deseaba para su equipo y su gente. Su presencia sigue siendo algo más que un brillo de la mística deportiva. En Chicago, Halas es una especie de ser superior que conecta cada era de los Bears. Sus iniciales están todavía hoy presentes en el campo, bordadas en las mangas de los uniformes de sus adorados Osos.

La franquicia futbolística de la Ciudad del Viento se mantuvo competitiva durante la década de los ochenta, pero no logró alcanzar aquel nivel de nuevo, seguramente porque los 49ers encontraron con el tiempo la manera de desarticular la Defensa 46. Los Bears, que en aquellos años empezaron a dejar el testigo a los Bulls de Jordan y Pippen como estandartes deportivos de la ciudad, no volverían a una Super Bowl hasta bien entrado el siglo XXI. En 2007 los Baltimore Colts de Peyton Manning les derrotaron 29 a 17 en Miami. Para entonces, Walter Payton ya había dejado este mundo tras sufrir una rara enfermedad de hígado. La NFL decidió dedicar a Dulzura el premio que entrega cada año al jugador que más ha destacado por su labor social.

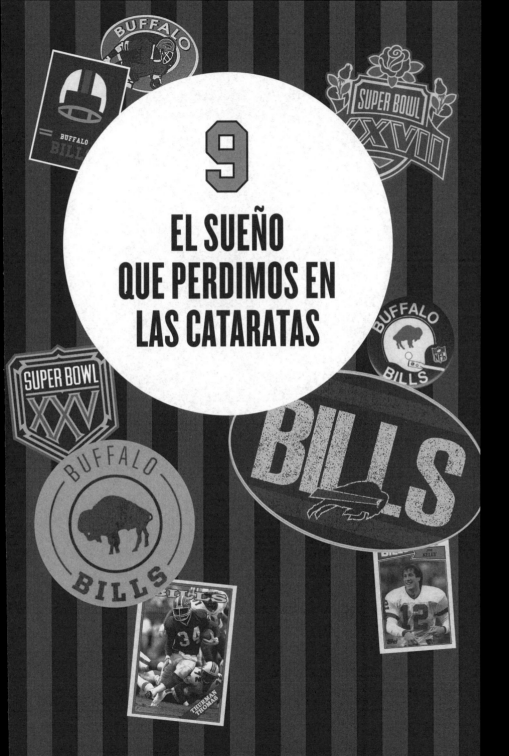

9
EL SUEÑO QUE PERDIMOS EN LAS CATARATAS

PUEDE QUE BUFFALO NO SEA la ciudad más divertida del mundo. Las cercanas cataratas del Niágara atraen un turismo que invariablemente acaba arracimándose en los casinos con vistas sobre las aguas brumosas. Chubasqueros de un solo uso, la legendaria escena de *Superman*... Los inviernos en el condado de Erie son largos, el frío, hiriente; los veranos, húmedos y sofocantes. No hay tregua en la segunda ciudad más grande del estado de Nueva York. Pero Buffalo es también un lugar apacible, confortable, y su gente, seria y educada, se encomienda religiosamente todos los domingos a sus queridos Bills.

Conocido hoy en día por sus persecuciones televisivas, juicios televisados, un guante de cuero que encaja o no encaja, robos, condenas y trastornos varios, nadie diría que en los dulces años setenta el gran jugador, peor actor, O.J. Simpson fue la gran estrella de unos Bills que, a pesar del enorme talento de «Juice», no lograron conquistar el máximo galardón. En 1978, ocho años después de su llegada, Simpson fichó por los 49ers y el sueño se evaporó definitivamente.

De nuevo ocho años más tarde, en 1986, la llegada del entrenador Marv Levy cambió el rumbo de la franquicia de Buffalo. Nacido en Chicago en 1925, Levy fue el hombre que ensambló a los mejores Bills de su historia. Para ello, trabajó como las fuerzas de la naturaleza cuando crean estrellas: primero, un núcleo sólido, después, el brillo. Erigió tres pilares centrales —Jim Kelly (quarterback), Andre Reed (receptor) y Thurman Thomas (running back)— y con ellos nació la «No Huddle Offense».

En 1990, el ataque de los Bills ha alcanzado su madurez. Los Bisontes mantienen un promedio de más de 26 puntos por partido, que les sirve para ganar trece encuentros y el título de división. En un triunfo contra los Denver Broncos, los de Buffalo son capaces de marcar tres touchdowns en tan solo 77 segundos. Lograda la clasificación para la postemporada, reciben en el divisional a los Dolphins de Dan Marino y, bajo la nieve, destrozan a los pupilos de Don Shula. Adiós a la No Name Defense de Miami: es la hora de la No Huddle Offense.

El 20 de enero de 1991, en la final de la AFC, los Bills revientan 51-3 a los Raiders y acceden por primera vez en su historia a una Super Bowl, la XXV, que disputarán en el Tampa Stadium ante los New York Giants, campeones de la NFC. Apuntados como favoritos por prensa y especialistas, Levy y sus pupilos llegan a Florida quizá demasiado confiados. Los expertos en Las Vegas les dan una ventaja de cinco puntos. Tampa no está a orillas del lago Erie y algunos muchachos aprovechan para dejarse ver en las fiestas y bailes que la semana les ofrece. Mala señal.

Llega el gran día. 27 de enero de 1991. Whitney Houston entona el himno nacional. Es una ejecución espléndida y solemne, vibrante[80]. Marv Levy, hijo de un oficial de la Primera Guerra Mundial y veterano él mismo de las Fuerzas Aéreas durante la Segunda Guerra Mundial, se emociona en la banda.

Aunque habían ganado la Super Bowl cinco años atrás, los Gigantes, entrenados por Bill «Big Tuna» Parcells, son la sorpresa de la temporada. Viven de su quarterback Jeff Hostetler, famoso por su impecable bigote, se impulsan en las carreras de Ottis Anderson y se afianzan sobre una defensa demoledora cuya mente estratégica vierte de un caballero llamado Bill Belichick, coordinador defensivo de Nueva York.

Los Giants inician el partido ordenando dos defensas en la línea de scrimmage para limitar al máximo los pases cortos hacia Thurman Thomas y dificultar al quarterback Jim Kelly opciones de pase hacia la secundaria. El Gran Atún golpea primero. Estrenan los de Nueva York el marcador con una patada de Matt Bahr. Pero los Bills no se descomponen ante la tempranera ventaja de los neoyorquinos y, tras un pase de 61 yardas de Kelly, el pateador Scott Norwood pone las tablas en el marcador. 3-3.

Pocos minutos después, Kelly hilvana un drive con seis pases consecutivos, cuatro de ellos entregados a las manos de Andre Reed. Acto seguido, una carrera de

---

80. Para muchos estadounidenses aquella ejecución del himno fue particularmente emocionante dado que solo diez días antes había empezado la primera Guerra del Golfo. Llegó a especularse con la postergación, o incluso cancelación, de las finales de Campeonato y de la mismísima Super Bowl por razón de guerra.

Don Smith rubrica el touchdown[81]. En el segundo cuarto, Bruce Smith tumba al mariscal rival. Safety. 12-3 para Buffalo. A tres minutos y 49 segundos para el descanso, Jeff Hostetler, quarterback de los Giants, arranca desde sus 13 yardas y la cosa va así: 1. Pase corto a Mark Bavaro, ganancia de seis yardas. 2. Carrera de Ottis Anderson, los Giants en la yarda 37. 3. Envite para Mark Ingram, otras 22 yardas ganadas.

Los de Nueva York ya están en territorio rival. Una carrera de Dave Megget pone a los de Parcells y Belichick cerca de la end zone de los Bisontes, que parecen aturdidos tras conceder tres primeros downs seguidos. Aun así, logran forzar un lanzamiento incompleto, pero Hostetler con dos pases cortos se introduce en las 14 yardas de Buffalo y vislumbra ya el gran premio. Segundo down y Stephen Baker corre una ruta ejemplar, pero el mariscal neoyorquino lanza demasiado bajo. En el segundo intento, Hostetler corrige y encuentra la carrera exterior de Baker, que recibe para anotar un touchdown clave. Sube el 12-10 al marcador. Los Bills vuelven a vestuarios con más dudas que certezas.

El arranque del segundo tiempo lleva el sello de Parcells: los Giants salen en busca del tormento psicológico rival especulando con la lanceta del reloj. Dirigidos por Hostetler, conforman un remolino asfixiante. Del pase corto y juego interior a carreras en profundidad. Cada avance es una flecha mortal que vuela rozando el corazón de los bisontes, que están ahora frustrados, cansados. La

---

81. Fue su único acarreo en el partido al tiempo que el último de toda su carrera.

sensación es compartida desde la banda de los Bills hasta los aficionados que abarrotan las gradas. Aquel interminable drive, que los comentaristas de la ABC califican como el mejor de la historia de la Super Bowl, acaba con touchdown de Ottis Anderson. 12-17 para Nueva York. El último drive de los Giants se ha comido casi diez minutos. La premisa de Belichick se ha cumplido a la perfección: contra un ataque tan poderoso como el de Buffalo, apodérate tú del balón. Martirizar, sufrir y avanzar, yarda a yarda. Aliarte con el reloj. Los Bills están contra las cuerdas. La larga resaca de la autoconfianza llega con la daga afilada. Un ataque que en los momentos más comprometidos de la temporada ha descuartizado a Raiders y Dolphins, una máquina de guerra que ha hechizado a toda la nación, es incapaz hoy de desplegar su genio: los Bills no palpan pelota.

Pero toda guerra tiene su épica y Buffalo, ensangrentado y malherido, reacciona. Despliega su fuerza. En el arranque del último cuarto, tras un pase corto de Kelly, Thurman Thomas profundiza en carrera hasta clavar en tierra el touchdown. Tampa y el mundo ven el 19-17 elevándose para el Bisonte en el marcador. No hay paz. No hay respiro. A continuación, un largo drive de Nueva York concluye con un field goal de Matt Bahr. Por cuarta vez cambia la ventaja en el marcador. 19-20 Giants.

Dos minutos y 16 segundos para el final. Los Bills necesitan solo una patada para llevarse el título, pero deben arrancar desde sus propias 10 yardas. Una distancia descomunal. Los Gigantes nunca han perdido esta temporada estando en situación de ventaja en el cuarto periodo.

Empieza el ataque. Kelly arranca a correr al no ver

opción más segura. Ocho yardas. En la segunda jugada amaga un pase y se lanza a correr de nuevo. Queda a unas pulgadas del primer down. Acto seguido, pelota para Thurman Thomas que convierte el tercer down. Timbra una cabalgada de 22 yardas de pura clase. Los Bills están ahora en su yarda 41. Sigamos avanzando, mantengamos pelota. Esa es la consigna. Recepción de Andre Reed: avance de cuatro yardas. Kelly improvisa y corre nueve yardas más: primer down en terreno rival. Bill Parcells se protege de los pases largos y concede un pase corto a Kelly que sirve a McKeller. Seis yardas más. Con solo 29 segundos por jugar, una colosal carrera de Thurman Thomas lleva al búfalo hasta las 29 yardas del terreno rival. Su hocico, humeante. Thomas sabe que cualquier pulgada es clave para acercarse lo más posible a los palos. Kelly apura para un spike[82] y deja la escena.

Es el momento. La Patada de la Apoteosis.

El responsable del field goal de Buffalo es Scott Norwood, un pateador excepcional cuya única debilidad son las canchas de césped natural[83], como esta de Tampa en la que hoy juega la Super Bowl. Hombre tranquilo y solitario, Norwood es un profesional muy respetado, seleccionado en 1988 para la Pro Bowl. Scott debe acertar desde la yarda 47. Jamás lo ha logrado en su carrera. Todo el universo de la NFL reducido a una cuestión de centímetros.

---

82. Acción en la cual el mariscal de campo, tras recibir el snap, arroja al terreno el ovoide. A cambio de entregar una oportunidad para el cierre del down, se obtiene el paro del cronómetro. Suele recurrirse a ello en situaciones de urgencia al final de un partido, cuando el reloj es un factor primordial.

83. A lo largo de su carrera había marcado, en terrenos de hierba natural, solo una vez en cinco intentos desde una distancia de 40 yardas o superior.

Avispado, Parcells solicita un tiempo muerto. Máximo tormento. Norwood y el mundo entero sufren el goteo de los segundos eternos. Algunos rezan, otros prefieren no mirar. El partido se ha envuelto en una luz litúrgica, íntima, casi metafísica. Segundos después, los jugadores vuelven al terreno de juego. La cara de Norwood parece transmitir cierto nerviosismo. Para su tranquilidad, el snap[84] es perfecto e Ingram ajusta impecablemente la pelota. Todos los ojos se posan sobre Norwood. Patea. Pie derecho. Potencia. Fuerza. Trazada.

«*No good, wide right*», palabras hoy legendarias pronunciadas por Al Michaels de la ABC según ve el ovoide elevarse sobre el terreno. Norwood ha fallado. Los Gigantes aguantan el balón los últimos segundos. El fin. Y con el fin, la eclosión. Caen derrumbados los hombres de Buffalo mientras los Giants ascienden y se lanzan a atrapar las estrellas. Por el estadio retumba el «New York, New York» de Sinatra. Es una hazaña homérica de Nueva York. El genio de Belichick y Parcells han conseguido la segunda Super Bowl para los Gigantes. De vuelta a casa, los Bills son recibidos por una multitud en Buffalo Square. Los aficionados creen que la Super Bowl llegará el año siguiente.

Thurman Thomas domina la temporada de 1991 en el plano individual conquistando más de 2000 yardas. Se

---

84. Acción mediante la cual el centro toma la pelota en el césped y la lanza en largo hacia atrás buscando al holder que es, literalmente, como indica su nombre, quien sujeta el ovoide. Al recibir el balón, el holder lo ajusta para el pateador. La acción se llama «long snap» para diferenciarla del snap habitual que es en sí una acción muy similar en ejecución, iniciada con el centro pasando hacia atrás, pero en vuelo mucho más corto y hacia su quarterback.

embolsa el título de MVP en una temporada aún mejor que la precedente: 14 victorias para los de Buffalo. Ya en el divisional destrozan a los Chiefs. En la final de Conferencia contra los Broncos ocurre lo inesperado. Cuando todo el mundo esperaba un partido veloz, loco, dominado por los dos quarterbacks —el gran John Elway para los de Colorado, el no menos genial Jim Kelly para Buffalo—, el encuentro lo marcan las defensas. La patada final de Norwood —¡esta vez no falló!— coloca el 10-7 y el acceso a la Super Bowl XXVI.

En el Metrodome de Minneapolis los Bills se enfrentan a los Washington Redskins, un contrincante a priori mucho más duro que los Giants del año precedente. Los capitalinos demuestran su poderío dominando desde el arranque con un gran Rypien, mariscal de campo de Washington, y una defensa que consigue tumbar a Kelly en cuatro ocasiones y recuperar cuatro balones. Se llega al descanso con un apabullante 17-0. Sin opción, sin contienda, sin épica. Los Bills sufren su segunda derrota consecutiva en una Super Bowl. La directiva toma decisiones contundentes para la temporada siguiente.

Ya sin Norwwod en el equipo, la de 1992 es una campaña difícil. Para el partido de Wild Card, Jim Kelly, lesionado en el último encuentro de temporada regular, es sustituido por Frank Reich y los Houston Oilers de Warren Moon toman rápidamente una ventaja de 28-3. El segundo tiempo arranca con una intercepción rival que concluye en touchdown. Es demasiado tormento para los aficionados de los Bills, que empiezan a abandonar las gradas del Rich Stadium.

En este instante se abre el cielo. La magia. La magia

que tal vez está volviendo como la luz y el calor vuelven justo tras el momento más frío y oscuro en la oscuridad. Gobernado por las nuevas incorporaciones, Buffalo inicia una remontada histórica. En las puertas del Rich Stadium se complican las cosas porque las riadas de aficionados que partían ahora quieren volver a entrar. Sobre el terreno de juego, Reich encuentra a Beebe para un touchdown tras una fabulosa carrera de 38 yardas. Cambia la dinámica. El mariscal suplente se asocia con Andre Reed para anotar tres veces más y empatar a 38. El partido se ha vuelto loco. En la prórroga, el nuevo kicker, Steve Christie, coloca el definitivo 41-38 para los Bills. Es, sin lugar a dudas, la remontada más impresionante de la historia de la NFL[85].

Vuelve la sensación de omnipotencia a orillas del lago Erie. En la semana siguiente, los Bills ganan con solvencia a los Steelers y luego barren con autoridad a los Miami Dolphins de Don Shula en el Orange Bowl. Por tercera vez consecutiva obtienen su invitación al gran baile.

La Super Bowl XXVII la disputan un 31 de enero de 1993 contra los Cowboys de Dallas. En un partido para el olvido, Kelly cae lesionado y los Bills conceden nueve pérdidas de balón. Una absoluta hecatombe[86]. Aunque hay una rosa en el vertedero. Con Dallas 35 puntos arriba, el Cowboy Leon Lett intercepta al quarterback reserva Frank Reich y sale corriendo hacia la end zone. Lett se pone a festejar demasiado pronto sin percatarse de la llegada de Beebe, que se ha lanzado a una carrera deses-

---

85. Razón por la que, para referirse a aquel encuentro, se utiliza el apelativo «The Comeback» (la remontada).

86. Aún hoy en día sigue siendo un récord negativo en la historia de la Super Bowl.

perada. A pocas yardas de la línea de touchdown, Beebe consigue arrebatarle el ovoide con contundencia. Es una jugada emblemática para la NFL y un pequeño, insuficiente, desquite para el orgullo de Buffalo. El encuentro acaba 17-52 para los Cowboys, que consiguen su tercer anillo tras las victorias de 1971 y 1977.

Los repetidos naufragios han hecho de los Bills el hazmerreír de la competición. Sobrados de orgullo, los Bills, sin embargo, logran lo que ningún otro equipo ha podido hacer nunca en la historia de la NFL: clasificarse para la Super Bowl por cuarta vez consecutiva. El partido, disputado el 30 de enero de 1994 en el Georgia Dome de Atlanta, huele a última oportunidad. Es un ahora o nunca para los de Buffalo. Pero de nuevo los Bisontes se derriten como nieve bajo sol. El sueño se trunca definitivamente: 30-13 para los Dallas Cowboys, de nuevo campeones. El Trofeo Vince Lombardi se queda en Texas. La depresión de los aficionados de Buffalo es ahora absoluta.

«Esta ha sido la peor, esta la deberíamos haber ganado», dijo el wide receiver Andre Reed después del partido. Los Bills habían llegado al descanso 13 a 6 arriba, pero una nefasta segunda mitad en la que encajaron 24 puntos consecutivos les condenó. La plantilla estaba destrozada. Las declaraciones a la prensa fueron muy duras. El único que encontró palabras de consuelo fue el center Kent Hull. «En el futuro inmediato pensarán en nosotros como unos perdedores, pero llegará un día, cuando yo ya me haya retirado, en el que dirán 'Estos tíos ganaron cuatro campeonatos de la AFC consecutivos, debieron de ser muy buenos'».

Y lo eran. Nunca ha habido un equipo mejor en Buffalo. Desde entonces, los Bills no han vuelto al gran baile.

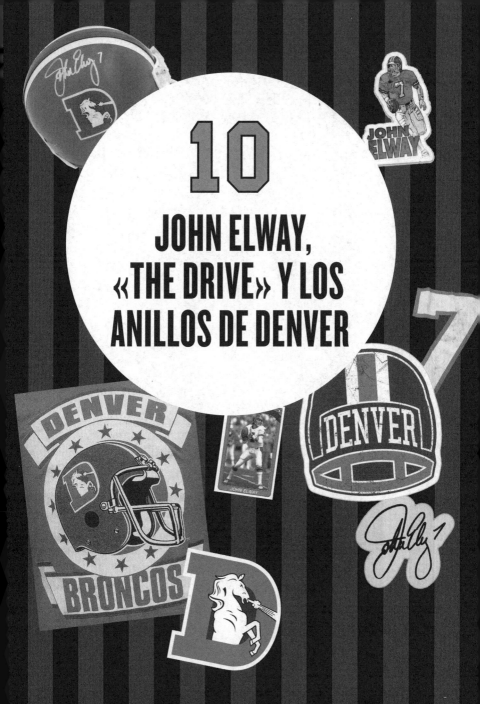

10

JOHN ELWAY, «THE DRIVE» Y LOS ANILLOS DE DENVER

En una pieza de *The New York Times* de los primeros años ochenta fue apodado «El Hombre con el Brazo de Oro». El chico era tan bueno que todavía no estaba claro si ese brazo dorado acabaría dibujando parábolas hacia los receptores de la NFL o disparando cañonazos para eliminar corredores en la MLB. En el draft de 1981 los Yankees de Nueva York de George Steinbrenner seleccionaron al joven prodigio de la Universidad de Stanford en la segunda ronda del draft de la MLB. Un año antes había sido elegido el mejor jugador de fútbol del año de la Pac-10. Estábamos ante un talento fuera de lo común.

El hombre con el brazo de oro se llamaba John Elway y había sido traído al mundo un bello día de principios de verano de 1960 junto a su hermana gemela en el paraíso natural de la península de Olympia, en el estado de Washington, concretamente en Port Angeles, una pequeña localidad conocida por los muy aficionados a la literatura americana por ser el hogar del escritor Raymond Carver durante sus últimos años de vida. Desde pequeño, Elway se curtió en las severas temperaturas del invierno del Noroeste. Siempre acompañando a su padre, Jack Elway, entrenador profesional de fútbol americano, vivió también en Missoula, Montana, donde en invierno tienes que sacar a pala un metro de nieve para poder salir de casa.

En 1977 John conocería por primera vez la vida en un lugar cálido. En Granada Hills, una bienestante población al norte de Los Angeles, en el valle de San Fernando, había sol, buen clima y un mundo que navegaba hacia la abundancia. Empezaba una nueva era. Jimmy Carter sucedía a Gerald Ford. Commodore presentaba el primer ordenador personal. Apple formalizaba su primera constitución empresarial. Se estrenaba la primera entrega de *Star Wars*. Liderados por el contracultural Bill Walton, los Portland Trail Blazers ganaban el que hasta hoy es aún su único campeonato de la NBA mientras el mundo quedaba embelesado por la estética y bailes de John Travolta y su bella historia de amor con Olivia Newton-John.

Las imágenes del Elway adolescente, enfundado en los atuendos del pequeño instituto de Granada Hills, son asombrosas. Es admirable el rigor de un chaval que ya despliega a tan temprana edad un cañón en sus brazos y que sabe utilizarlo con sabiduría, como si tuviera un sexto sentido para ir conectando con los receptores desde cualquier punto de la cancha con una velocidad y una precisión deslumbrantes. Impresionaba el hecho de que la espiral de la pelota durante sus lanzamientos se mantuviera perfecta pese a la velocidad. Era un deleite verlo. Elway ya era uno de los mejores quarterbacks del país y destacaba también como outfielder en el equipo de béisbol, donde demostraba unas cualidades óptimas para el bate y a menudo también desde el montículo. El chico lo hacía todo y todo bien.

En 1977 se enroló en la Universidad de Stanford, donde a pesar de sus buenas actuaciones no consiguió disputar un Bowl, lo que acabaría por perjudicarle en la pugna por el anhelado Heisman Trophy. Sus años en el prestigioso ateneo de Palo Alto, al sureste de la bahía de San Francisco, acabaron con un diploma en Económicas bajo el brazo pero con amargura en lo deportivo. En 1982 Stanford tenía que ganar su último partido de la fase regular para acceder al Hall of Fame Classic[87]. Se enfrentaban a la Universidad de California, sus grandes rivales. Elway logró pilotar a los suyos a una gran remontada, pero California tuvo a su disposición cuatro segundos para recibir el kick-off e intentar una última y desesperada acción. Una serie de pases hacia atrás y en lateral, al más puro estilo rugby europeo, llevó a Cal a un inopinado y majestuoso touchdown final que finiquitó la contienda.

Pero la vida siguió y lo hizo hacia el mundo profesional. En el draft de la NFL de 1983, dos años después de que los Yankees lo eligieran en el de la MLB, John Elway fue seleccionado por los Baltimore Colts.

Un hombre. Dos carreras profesionales. Elway estaba ante una encrucijada. En términos deportivos lo tenía claro: él quería jugar al fútbol porque sabía que en esa disciplina podía despuntar, ser el mejor, pero no quería

---

87. Llamado Hall of Fame Classic entre 1977 y 1985 y All-American Bowl hasta 1990, era uno de los Bowls de final de temporada. Se disputaba en el Legion Field de Birmingham, Alabama.

hacerlo con los Baltimore Colts, que pasaban por el peor momento de su historia. Tras meditarlo a fondo, al joven Elway no se le ocurrió nada mejor que amenazar a los Colts: «O me metéis en un intercambio o me voy a jugar a béisbol con los Yankees». Asunto delicado. A Elway le llovieron críticas desde todos lados, en particular de Terry Bradshaw: un verdadero fuera de serie no debía actuar jamás de aquella manera chulesca e infantil, sentenció el formidable quarterback de los Pittsburgh Steelers.

Sin haber siquiera debutado, sin haber siquiera elegido deporte, tuvo Elway montado un culebrón en toda regla que duró hasta que los Colts cerraron al fin un acuerdo con los Broncos de Denver. Baltimore mandó a Elway a Colorado a cambio de Chris Hinton, quarterback reserva, y una elección para el draft del año siguiente. Los Broncos eran un buen equipo, candidatos al título desde hacía años. El muchacho de Washington estaba encantado de ir a un equipo que pelearía por el título.

La ciudad de Denver estaba enamorada de sus Broncos. En aquellos tiempos, la otra franquicia profesional de la Mile High City[88] eran los Denver Nuggets de la NBA[89]. Establecidos originalmente en 1967 como entidad de la más loca, estrafalaria y menos competitiva ABA, nunca habían vivido épocas de grandes glorias, y pese a ir con-

---

88. Literalmente «La Ciudad que está a una Milla de Alto». Es el apodo de Denver debido a la altitud a la que se encuentra, exactamente una milla (poco más de 1600 metros) sobre el nivel del mar.

89. Los Colorado Rockies de la MLB nacieron en los años noventa y lograron clasificarse para unas Series Mundiales por única vez en 2007, donde fueron barridos por los Boston Red Sox de Manny Ramírez y David Ortiz. Por su parte, los Colorado Avalanche de la NHL llegaron también en los noventa, en un traslado de franquicia desde Quebec, Canadá, donde habían competido con el nombre de Nordiques.

tando regularmente con estrellas en sus quintetos, jamás habían saboreado las mieles del triunfo. En esa época tenían a buenos jugadores en sus filas, como Alex English, Fat Lever o el veterano Dan Issel, pero eran los años de dominio absoluto de Lakers, Celtics y Sixers y, aunque estuvieron cerca, los Nuggets nunca llegaron a las Finales. Los Broncos eran el verdadero orgullo de la ciudad.

El entrenador que dio la bienvenida a John Elway a Denver fue Dan Reeves, un tipo que, como jugador de los Dallas Cowboys, había aprendido las artes del entrenamiento profesional de Tom Landry. Entre Elway y Reeves se iniciaría una relación idílica.

La bienvenida que la NFL dedicó a Elway no fue, sin embargo, de las más benévolas. En ocho días el chico con el brazo de oro experimentó la dureza de la liga profesional. En la primera fecha de la temporada de 1983, los Broncos viajaron al Three Rivers Stadium de Pittsburgh, donde Elway encajó el primer sack de su carrera a manos del soberbio Jack Lambert, uno de los jugadores más duros de la historia de la liga. John no supo sobreponerse aquella tarde y poco después fue sustituido por el reserva DeBerg.

La segunda jornada llevó a los Broncos a otro viaje al Este. Al lugar más indeseado e incómodo para él: Baltimore. Al pisar el terreno de juego, Elway fue sometido al juicio sumario del Memorial Stadium, que lo abucheó con la sangre de los coliseos. En ese encuentro tampoco actuó con la prestancia deseada y nuevamente fue sustituido en favor de DeBerg, que se convertiría poco después en el quarterback titular. Una lesión del propio DeBerg ofrecería una nueva e inmediata oportunidad a Elway justo a tiempo para la revancha contra Baltimore. Aquella tarde lideró una tremenda remontada y lanzó el pase del triunfo a falta de 53 segundos. El chico empezaba a encontrar su sitio.

Durante la campaña de 1984 se convertiría en titular indiscutible. Con Elway de mariscal de campo[90], los Broncos se mantendrían competitivos durante mucho tiempo. Al cierre de la temporada de 1986, se clasificaron para el partido de Campeonato de la AFC. Estaban a un triunfo de colarse en la Super Bowl.

Les esperaban los Cleveland Browns, empujados por el apoyo incondicional de la muchedumbre que abarrotaba el Municipal Stadium de la ciudad de Ohio. Los de Cleveland gozaban de una ligera ventaja en los pronósticos. A falta de apenas cinco minutos, los Broncos recibieron la pelota en sus propias dos yardas. Para empatar el partido tenían que recorrer 98 yardas, prácticamente todo el campo. Y no contra un enemigo cualquiera. Bishop, primer protector de Elway en la línea de scrimmage, pronunció a sus compañeros una frase sorprendente: «los tenemos allí donde los queríamos tener». Elway se preparó, se colocó bien el casco y corrió hasta el punto donde tenía que arrancar el drive con su uniforme ajado en su lado derecho debido a que los barnices usados para colorear la cancha se habían impregnado a su ropa por las múltiples caídas.

Elway arrancó el drive con los pies dentro del área de touchdown, dio tres pasos hacia atrás, disfrutó de una gran protección de su línea de ataque y encontró al

---

90. Desde su fundación hasta la llegada de Elway, los Broncos habían tenido 24 quarterbacks titulares en 23 temporadas.

número 23 Sammy Winder a su izquierda. Ganancia de cinco yardas. Enseguida los Broncos tuvieron que lidiar con un tercer down y dos yardas, pero Elway no se descompuso. Volvió a confiar en Winder, que cumplió a la perfección corriendo lo suficiente para ganar una nueva serie de down. En las siguientes jugadas hubo una nueva conexión con Winder, una valiente carrera del propio Elway y, tras uno de sus clásicos pases rápidos atrás para lograr espacio, un pase largo de trayectoria inmaculada y espiral perfecta que atrapó Sewell para una ganancia de 22 yardas. Los Browns empezaban a tener dudas.

Tras el tiempo muerto obligatorio de los dos minutos, los Broncos se encontraron rápidamente en una situación límite. En la jugada anterior, Elway había recibido un violento sack y los Broncos necesitaban convertir un complicadísimo tercero y 18.

El snap no fue de los mejores. El centro de los Broncos envió la pelota atrás, mientras Steve Watson corría de una banda a otra. El movimiento acabó desarrollándose con mayor lentitud de lo planeado y el ovoide rozó la pierna del mismo Watson y cambió de trayectoria. Elway se mantuvo frío como el hielo. Se olvidó de los dolores inhumanos que le había causado el sack anterior y de todos los golpes encajados durante aquella tarde inclemente. Hizo un ajuste, controló la pelota y miró hacia delante. Decidió ir a por Mark Jackson, que engañó a la secundaria de Cleveland. Cañonazo de Elway y pelota atrapada con firmeza. Los decibelios del estadio bajaron al instante. Fue un primer down clave en el momento más comprometido.

En la siguiente jugada, al no encontrar a nadie libre, Elway decidió lanzar fuera de la cancha. Segundo y diez.

A continuación, John conectó en corto con Steve Sewell, que conquistó el down cortando hacia la izquierda. Primer down en la yarda 14 de los Browns. 57 segundos por jugar. El 7 de los Broncos decidió ir directo hacia la end zone, pero Watson no logró atrapar. En el segundo intento, Elway supo nuevamente lanzarse a la carrera por su cuenta y logró acercarse a una yarda del primer down. En un tercero y uno a falta de 39 segundos, Elway no apostó por lo que parecía un claro juego de carrera, sino que levantó la cabeza, miró nuevamente hacia la end zone, vio a Jackson, lanzó y...

¡Touchdown!

Elway levantó los brazos al cielo. Sabía que acababa de dirigir algo épico. El receptor hizo rebotar la pelota en el césped de Cleveland y se lanzó a festejar con los suyos. Quedaba ejecutar la patada adicional. Rich Karlis había fallado solo un punto adicional en toda la temporada. No habría segundo fallo: patada perfecta y empate. El partido milagrosamente se fue a la prórroga. Elway debía completar la misión y no falló, comandando un drive que permitió a Karlis dar la patada ganadora. Los Broncos entraban en la Super Bowl. Aquellos locos últimos cinco minutos del último cuarto del partido de Conferencia de la AFC de 1986, Broncos contra Browns, pasarían a la historia con el nombre de «The Drive».

El domingo siguiente, 27 de enero de 1987, John Elway jugaba y perdía su primera Super Bowl. La edición XXI del máximo título de la NFL acabó con la derrota de Denver 39-20 contra los Giants de Nueva York. Se sucederían hasta un total de tres dolorosos fracasos en contienda por el anillo de la Super Bowl en cuatro años, siempre bajo las órdenes de Dan Reeves. En 1988 los Broncos cayeron derrotados por los Washington Redskins y en 1989 y 1990 fueron superados por los San Francisco 49ers. El gran baile resultó ser un escenario demasiado grande para aquella plantilla. En las siguientes temporadas, los resultados empeoraron y, con ellos, la relación entre Elway y Reeves. A la conclusión de la campaña de 1992, Reeves fue despedido y su lugar fue ocupado por el hasta entonces coordinador defensivo Wade Philips, un delfín de Reeves que no duraría mucho en el puesto. Tras un par de temporadas mediocres, fue despedido en favor del experimentado coordinador ofensivo de la era Reeves, Mike Shanahan.

Shanahan encontró la inspiración la noche antes del draft de 1995, cuando decidió seleccionar en la sexta ronda a un muchacho de San Diego llamado Terrell Davis. Davis había mostrado su talento en la Universidad de Georgia, pero nunca había disfrutado de confianza suficiente ni tenido continuidad. Llegaba además con la etiqueta de ser propenso a las lesiones. Pero Shanahan se dejó guiar por su instinto. Davis llegó a los entrenamientos de pretemporada con pocas opciones de quedarse en la plantilla, pero enseguida quedó patente que el pálpito de Mike con aquel chaval era bueno.

Día sí, día también, Davis impresionó a los técnicos hasta tal punto que empezó la temporada de 1995 como running back titular y ofreció desde los primeros partidos una dimensión nueva al ataque de los Broncos con sus poderosas carreras. En el segundo año de Terrell Davis como profesional, los Denver Broncos rayaron a un gran nivel pero fueron sorprendidos en primera ronda de play-offs por un conjunto recién establecido en la NFL: los Jacksonville Jaguars[91]. A pesar del mazazo, Denver estaba en el buen camino.

En la temporada de 1997, los Broncos lograron clasificarse nuevamente para la postemporada. En primera ronda se vengaron justamente de los Jaguars antes de superar en dos partidos muy igualados a los Chiefs primero, ganadores de la división justo por delante de los propios Broncos, y a los Steelers después. Con casi 36 años, Elway estaba ante una nueva gran oportunidad.

El Qualcomm Stadium[92] de San Diego sería la sede de la Super Bowl XXXII un 25 de enero de 1998. Ante los Broncos, ante Elway, otro grande: Brett Favre. El dorsal 4 de Green Bay era el gran mariscal encargado de defender y revalidar para los suyos, la ciudad entera, y todo el estado de Wisconsin, el título conquistado doce meses atrás contra los New England Patriots. Los del Río Fox y la gélida bahía, cuenca del lago Michigan, partían como claros favoritos.

Los Broncos sentían un rastro profundo de desesperación ante la perspectiva de no pasar a la historia y despeñarse por la ladera por la que cayeron en su día Vikings y Bills, perdedores de todas las contiendas de la Super Bowl que habían disputado. Shananan sabía del poderío de la línea de ataque de los Packers, pero estudió la manera de

---

91. El equipo de Florida jugó su primera temporada en 1995 como parte de una expansión que también incorporaría a los Carolina Panthers.

92. El recinto de San Diego es el único estadio deportivo que puede presumir de haber albergado una Super Bowl y unas Series Mundiales en el mismo año. Los San Diego Padres, capitaneados por un inmenso bateador como Tony Gwynn, sucumbieron ante los Yankees de Nueva York en las Series Mundiales de 1998.

frenarla entendiendo que entre otras cosas debía dejar a
Terrell Davis correr tanto como quisiera.

El partido fue muy emocionante desde el arranque.
Aquella fue la primera Super Bowl en la que ambos equipos marcaban un touchdown en sus respectivas primeras
posesiones. El primer cuarto acabó 7 a 7, los Broncos se
pusieron 17 a 7 tras un touchdown del propio Elway y una
patada de Elam, pero los de Green Bay se recuperaron y el
tight end Mark Chmura puso el 17 a 14 con el que se llegó
al descanso.

La pesadilla recurrente de las tres primeras Super
Bowls era una losa difícil de aguantar para Elway. El
quarterback tenía muy presentes las derrotas precedentes y era muy consciente de que dos de ellas tenían el
mismo denominador: un primer tiempo ajustado en el
que los Broncos manejaron cierta ventaja para después
desperdiciarla en el segundo tiempo.

En el arranque de la segunda mitad, los Broncos estaban en posesión del balón. Con la defensa descansando
en la banda, el ataque tenía la oportunidad de volver a
ampliar la ventaja y acabar con los malos presagios. Pero
un fumble en la primera jugada alimentó los espectros
de los años ochenta. La jugada llevó la firma de Tyrone
William, que birló la pelota a Davis y la recuperó en la
yarda 23. La defensa de Denver, obligada a un sobrees-
fuerzo, supo responder y limitó a los Packers, que, de
todos modos, patearon para empatar el encuentro a 17.

De nuevo en posesión del ovoide, Denver hilvanó un
drive de casi ocho minutos y 92 yardas. La jugada clave fue
un pase de Elway a McCaffrey que supuso una ganancia de
36 yardas. Davis se encargó de finiquitar los brotes de resis-

tencia de la defensa de Green Bay con una carrera de una yarda que puso el broche a un ataque maravilloso. 24-17 Denver.

Poco después, los Broncos tuvieron la oportunidad de ampliar aún más la distancia tras perder Antonio Freeman el ovoide en las 22 yardas de los Packers durante la acción de kick-off. Por fin, el viento soplaba hacia la encantadora ciudad de Colorado. Pero Elway volvió a la cancha para disputar únicamente una jugada: justo el tiempo necesario para ejecutar un pase hacia la end zone que toparía con las manos equivocadas, las del safety de Green Bay Eugene Robinson, que aseguró la recepción y corrió por 17 yardas. Los Packers aceptaron el regalo y se lanzaron a por todas. Favre orquestó un drive impecable que acabó con un pase hacia Antonio Freeman, que quedó oficialmente resarcido del fumble anterior. 24-24. Un cuarto por jugar y todo por decidir.

A pesar del error, aquella era la situación deseada por Elway: por fin una Super Bowl en la que podía jugar sus cartas en los últimos instantes, el tramo que más le gustaba, como había demostrado a lo largo de toda su carrera.

En el siguiente ataque, Elway movió la pelota con clase. Completó un pase para Howard Griffith que, ayudado por un monumental bloqueo de su compañero Ed McCaffrey, supuso una ganancia de 23 yardas. Una penalidad forzó sin embargo a los Broncos retroceder. Denver tenía que jugar un primero y goal desde las yardas 18 de los Packers. Sin problema: Terrell Davis era más rápido que el potro que lucía en su casco. Davis hizo lo que llevaba haciendo toda la tarde y por extensión toda la temporada: correr. Green Bay no podía pararlo. Terrell llegó a colocar la pelota a una yarda del touchdown. Segundo y goal con un minuto y 51 segundos para el final.

Holmgren, entrenador de los Packers, cometió en ese momento un error garrafal. Ordenó a los suyos dejar marcar el touchdown para disponer de más tiempo en busca del empate. Estrepitoso error de cálculo. Davis selló su tercer touchdown de la tarde. Contra las cuerdas, los Packers disponían de poco menos de dos minutos para empatar. Los de Green Bay lo intentaron hasta los últimos instantes. Su deseo de revalidarse como campeones murió en un cuarto y seis a falta de 32 segundos. Favre miró hacia su tight end, su hombre de confianza, Mark Chmura, pero la defensa de John Mobley acabó desarbolando el asunto. El partido acabó 31-24. Denver podía al fin festejar. 25 de enero de 1998. Los Broncos lograban su ansiado primer anillo.

Terrell Davis había sido el gran protagonista del encuentro. Los Packers no habían conseguido frenar a aquel muchacho que Shananan había seleccionado en la sexta ronda del draft de 1995. Davis se convirtió en el primer jugador reconocido con un MVP de la Super Bowl en su ciudad natal y también en el primero en anotar tres touchdowns en carrera en un gran baile. Quiso el destino, bello y épico tan a menudo, que el encuentro que aquella tarde coronaba a Davis como estrella del fútbol se jugara a pocas millas del Lincoln High School en el que se había iniciado de chaval. Fue también la primera vez que un equipo de la AFC conseguía el máximo entorchado tras una sequía de 14 años[93].

---

93. Para dar con el último éxito de un conjunto de la AFC previo al triunfo de los Broncos, hay que remontarse a la temporada de 1983 cuando los Raiders, entonces

Elway lograba aquel triunfo sin dar ningún pase de touchdown, aunque sí marcó uno él mismo en carrera, pero en su conjunto cerraba el encuentro sin números especialmente memorables: 12 pases de 22 para un total de 123 yardas. Aunque no eran los números de la noche lo que se conmemoraba para él esa tarde, sino una trayectoria entera. Una trayectoria que desembocaba en un anillo de campeón. Algunos años después, Elway comentó: «Ese partido definió mi carrera». Acabó aquella jornada con lágrimas resbalando por su rostro, agarrando la pelota del partido en su mano derecha, elevado a hombros de sus compañeros.

Elway decidió que le quedaba fútbol por lo menos para un año más y con 38 primaveras a sus espaldas volvió a protagonizar una temporada espectacular. El curso de 1998 una vez más concedió a los de Colorado una clasificación para un gran baile.

La Super Bowl XXXIII se disputó en el Pro Player Stadium de Miami. Como broche a una carrera de leyenda, Elway logró lo que su antagonista Favre no había conseguido el año anterior: defender y revalidar título, conquistando así un maravilloso, dinástico, merecido y muy emotivo back-to-back para los Broncos. ¿Adivináis contra quién cuajó semejante gesta? Nada menos que contra su antiguo entrenador, Dan Reeves, con el que tantos problemas tuvo. Reeves se presentaba a la cita como entrenador jefe de los Atlanta Falcons.

---

en representación de la ciudad de Los Angeles, derrotaron con solvencia a los Washington Redskins por 38-9. Insólita casualidad: el MVP de aquella noche, Marcus Allen, se había formado en el mismo instituto que Terrell Davis.

También en las pizarras fue aquel un duelo de ajedrez entre dos hombres que habían compartido en su día los despachos de las Rocosas. La partida de flechas y puntas, líneas, círculos y jugadas se la llevó Shanahan, que optó por organizar el juego alrededor de sus primeras espadas, Elway y Davis. Denver se impuso 34-19 y Elway acabó el encuentro con unos números arrolladores: lanzó por encima de las 300 yardas y completó 18 de los 29 intentos. Por supuesto fue elegido MVP del encuentro[94]. El círculo se cerraba definitivamente. Pocos meses después, el 2 de mayo de 1999, con la voz quebrada, John Elway anunció al mundo su despedida definitiva del fútbol profesional.

Elway dejaba el fútbol como una de sus grandes estrellas, con dos títulos consecutivos de la Super Bowl y unos números estratosféricos. Uno de los más llamativos son las 47 remontadas en el último cuarto que había conseguido en toda su carrera. En 2004 fue incluido con todos los honores en el Salón de la Fama tras un emotivo discurso de su hija Jessica.

Por su parte, los Broncos se mantuvieron en la élite y en 2015, con Elway como director deportivo, lograron otra Super Bowl, esta vez contra los Carolina Panthers de Cam Newton. Brett Favre, por su parte, nunca volvió a disputar una Super Bowl.

---

94. Fue el jugador de más edad en conseguirlo. Tom Brady, 20 años después, lo superó logrando el MVP con 39 años, casualmente en una Super Bowl disputada también contra los Atlanta Falcons.

11

SUPER BOWL XXX: DUELO EN EL DESIERTO

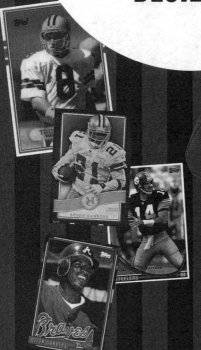

ESTAMOS A MITAD DE LA DÉCADA de los noventa. En Estados Unidos se han lanzado canales nostálgicos, como ESPN Classic, o el famoso History Channel, que llegará a cada casa de Norteamérica primero y del resto del mundo después. La NBA celebra su medio siglo de vida y Michael Jordan ha anunciado su vuelta a las canchas. La gente ha seguido el juicio por asesinato a O.J. Simpson por televisión y se ha enganchado a *Expediente X*. La FOX se ha hecho por primera vez con los derechos televisivos de la NHL llevándola hacia una difusión planetaria.

Hoy, 28 de enero de 1996, bajo el inclemente sol de Tempe, Arizona, Joe Montana se prepara para lanzar al aire la moneda que dirimirá la patada de apertura de la trigésima edición de la Super Bowl. La elegancia del rostro de la leyenda de los 49ers, aplaudido con devoción por la muchedumbre congregada en el Sun Devil Stadium, contrasta con su llamativa corbata. Troy Aikman, quarterback de Dallas Cowboys, sujeta su casco de la estrella azul y observa al ídolo.

Por tercera vez en la historia el título de la Super Bowl se lo jugarán Steelers y Cowboys. Esto en sí ya es un hito[95], pero hay más. La franquicia que se lleve hoy el triunfo no solo se hará con su quinto título, sino que empatará con San Francisco como el conjunto más laureado de la competición. Es mucho lo que se juegan Steelers y Cowboys esta tarde. Llegan los equipos a este gran baile tras periplos bien distintos. Tras perder en 1971 la Super Bowl V contra los Baltimore Colts, los Dallas Cowboys de Landry habían iniciado una senda victoriosa que los llevó a conquistar el título en las temporadas de 1971 y 1977. Durante la mayor parte de la siguiente década no lograrían frenar el poderío de los 49ers de Montana ni el de los Chicago Bears de Walter Payton, pero a medida que se acercaban los locos años noventa, la pareja formada por el pintoresco propietario Jerry Jones, una especie de Al Davis sureño, y el entrenador Jimmy Johnson se alió para ensamblar una de las dinastías más poderosas de la historia del fútbol americano. Dallas derrotó consecutivamente a Buffalo Bills en la Super Bowl de 1993 y 1994, pero a pesar de los éxitos, tras el segundo triunfo, Jimmy Johnson fue invitado a dejar el puesto. Y así llegó Barry Switzer, apuesta personal de Jones que, según parece, buscaba una figura más moldeable que Johnson.

Maleable o no, el currículo de Switzer impresionaba. Nacido en 1937, tras una carrera como jugador en la Universidad de Arkansas, su estado natal, en 1966 había empezado a ejercer como coordinador ofensivo en la Universidad de Oklahoma. En 1973 fue promocionado al puesto

---

95. Hasta el día de hoy no hay registro de franquicias que se hayan enfrentado más de dos veces en una Super Bowl.

de entrenador jefe, una posición desde la que levantó hasta tres veces el título nacional. La llamada de Jerry Jones llegó para la temporada de 1994. Switzer llevaba seis años de hiato profesional y nunca había entrenado en la NFL. Era una apuesta de riesgo.

En su año de debut, tras una excelente temporada regular, los Cowboys de Switzer cayeron en el Championship ante los 49ers, a la postre ganadores del máximo entorchado tras una exhibición de su quarterback Steve Young en el partido final. En 1995 la presión aumentó. Dallas contaba con una plantilla excelente y Switzer debía estar a la altura. Por extensión, Jerry Jones también estaba bajo presión al haber tomado unilateralmente la decisión de despedir a Johnson.

El quarterback Troy Aikman, número uno del draft de 1989, completó, como de costumbre, una gran temporada regular. Como explicó Bob Oates en *Los Angeles Times*, con unos ojos azules que enamoraban a sus fans, Aikman parecía un piloto de Airbus; alguien que se sienta en el puesto de mando y viaja de un continente a otro sin que los pasajeros sufran el más mínimo percance. Aikman ejecutaba las acciones de ataque de manera suave, sin arabescos innecesarios, con un estilo tan sobrio como destructor. Tan grandilocuente era la máquina que manejaba como ortodoxa su manera de conducirla. Fuerza de brazo, precisión clínica e inteligencia. Esas eran las cualidades de Aikman[96].

En posición de running back destacaba Emmith Smith,

---

96. Staubach, el otro gran mariscal de campo en la historia de los Cowboys, era un quarterback con características muy distintas a las de Aikman. Staubach se crecía en las dificultades. Cuando las cosas se volvían casi imposibles, él estaba allí para rescatar al equipo. Era un pasador puro y un maestro de la improvisación.

un jugador imprevisible que se movía con la elegancia de un antílope y la fuerza de una grúa. Aikman contaba también con el receptor Michael «Playmaker» Irvin, un tipo con una habilidad especial para las jugadas decisivas, y con el excelente tight end Jay Novacek. A todo ello debía sumarse la impenetrable línea ofensiva con la que contaba Dallas en la época, una de las mejores de la historia de la NFL.

Hoy, 28 de enero de 1996, en Tempe, Arizona, tras las victorias ante Buffalo en 1993 y 1994, los Cowboys tienen ante sí la oportunidad de ganar su tercera Super Bowl en cuatro años. Algo nunca visto hasta la fecha. Presentes por primera vez desde 1979, tras la Super Bowl ganada con Chuck Noll de entrenador, al otro lado de la arena esperan los Pittsburgh Steelers.

Fue Bill Cowher el encargado de tomar el relevo de Chuck Noll. Nacido en 1957 en Crafton, Pennsylvania, Cowher se había sentado al volante de los Steelers, el equipo insignia de su estado natal, en 1992. Tenía 34 años. Desde entonces, había logrado clasificar a los suyos para cada postemporada, sucumbiendo con duras y en algún caso inesperadas derrotas, como la sufrida en el partido de Campeonato del año precedente ante San Diego Chargers.

La fortaleza de Pittsburgh se asienta en la dureza de sus dos linebackers estrellas: Kevin Greene y Greg Lloyd. Detrás de ellos actúan Carnell Lake y Willie Williams, maestros en desviar las trayectorias de los pases rivales. Y por supuesto el gran Rod Woodson[97], que se ha perdido

---

97. Ron Woodson, elegido en once ocasiones para la Pro Bowl, ostenta el mayor número de fumble recuperados en la historia siendo defensor (32), además de ser el que más touchdowns ha realizado tras interceptar un pase del rival (12).

casi toda la temporada regular para reaparecer en playoffs. Cowher, un gran motivador, tiene ante sí el mayor reto de su carrera. Todos los expertos colocan a Dallas como favorito. Pocos creen que la defensa de Pittsburgh pueda frenar el ataque guiado por Troy Aikman.

Y en esas, la primera pelota la reciben los Vaqueros. El primer drive arranca desde las 29 yardas de su propio terreno. En los primeros compases, Aikman conecta con sus tres objetivos preferidos: Novacek, Irvin y Emmith Smith, que firma la carrera más larga en césped natural de todo el año, cortando como mantequilla a la defensa de los Steelers. Dallas va avanzando y Aikman intenta acercarse a la end zone con un pase a Irvin, que no logra recibir a causa del excelente marcaje de Carnell Lake. En el tercer intento los Cowboys empiezan su juego malabar, pero el reverse[98] de Kevin Williams es contenido por el muro de los Steelers. Dallas se tiene que conformar con la patada de Chris Boniol, que supone el 3-0.

Balón para Pittsburgh.

Se hace evidente el vacío dejado por Terry Bradshaw y Franco Harris. Los Cowboys defienden con alma y los Steelers no logran ni un down en su primer drive. Un excelente punt de Rohn Stark obliga a los Cowboys a arrancar desde las propias 25 yardas. Dallas buscará el primer touchdown del partido.

En situación de tercer down, Aikman encuentra una ruta perfecta de Irvin, que cruza la cancha antes de recibir

---

98. Una de los trick plays más habituales del fútbol americano. En una de sus variantes más comunes, los dos wide receivers corren desde fuera hacia dentro y uno de ellos recibe la pelota del quarterback.

un cañonazo de su mariscal de campo. Indefendible. Aikman siente el ritmo en sus venas, sabe que el momento es
propicio y lanza un obús para Deion Sanders[99], que recibe
pulcramente pese a la marca. La precisión del pase de Aikman ha sido extraordinaria. La ha colocado en el único
sitio donde podía cazarla Sanders. Los Cowboys entran en
la zona roja de los Acereros.

Dallas está encontrando respuesta a los planteamientos
defensivos de los Steelers. El drive sigue avanzando y los
Cowboys se plantan a tres yardas de la end zone. Aikman
no quiere complicaciones. Juega de nuevo para Novacek,
que se ha liberado perfectamente. Pequeño pase arqueado
del mariscal de campo hacia el hombre de Dakota y sube
el 10-0 para Dallas.

El arranque de los Vaqueros ha sido tremendo. Aikman
está inmaculado: 4 pases de 4 completados, más de 70 yardas conquistadas por vía aérea. Los Steelers están contra
las cuerdas. Cowher masca su chicle con nerviosismo. Le
cuesta leer el ataque de los Cowboys. El rostro de Neil
O'Donnell, quarterback de Pittsburgh, habla de frustración e impotencia.

Pese al 0-10, Pittsburgh no se pone nervioso y, tras un
intercambio de punts, a falta de trece segundos para el
descanso, O'Donnell lanza un pase de seis yardas a Yancey

---

99. Apodado «Prime Time», Sanders era un deportista polifacético. Jugaba de cornerback y de retornador de patadas, pero ocasionalmente era utilizado también como
receptor. En su trayectoria profesional jugó también como jardinero durante nueve
temporadas en las Grandes Ligas de béisbol. El año anterior había jugado la Super
Bowl con los 49ers. Estaba disputando, por tanto, su segundo gran baile consecutivo.
Sanders fue un tipo verdaderamente único.

Thigpen para recortar las distancias. 13-7 Dallas. Llega el descanso. Diana Ross entretiene al público mientras Cowher piensa en el vestuario cómo darle la vuelta al marcador. Hay motivos para la esperanza: la diferencia es inferior a una posesión, la defensa ha ido mejorando a medida que avanzaba el partido y el tardío touchdown ha insuflado energía al ataque.

En el tercer cuarto, los primeros dos drives no registran anotación. Las defensas se imponen a los ataques. Es una Super Bowl mucho más equilibrada de lo que se esperaba. Pittsburgh tiene ahora el balón y siente que puede dar el zarpazo. Pero en el mejor momento anímico para los Acereros, pasará lo inesperado. Larry Brown aprovecha un error de cálculo de O'Donnell, intercepta y se lanza en carrera hacia la zona roja de Pittsburgh. La remontada de los Steelers queda en jaque. Un cambio de posesión que facilita a Dallas una posición inmejorable cuando en peor momento se encontraban. Consciente de la oportunidad que se le presenta, Aikman encuentra libre a Irvin para una ganancia de 17 yardas. El éxtasis está cerca, a apenas una yarda. Emmith Smith lo certifica con una carrera que pone el 20 a 7 en el electrónico[100]. Para algunos, el partido está finiquitado.

Pero los Pittsburgh Steelers son duros como rocas y reaccionan pronto. Tras un cardíaco fumble recuperado por Mark Bruener, O'Donnell tiene que arriesgar. Brown roza la intercepción, pero Ernie Mills atrapa el quirúr-

---

100. Sin replay en la época, los colegiados regalaron este touchdown a Smith, ya que no logró superar la línea de touchdown.

gico pase de su quarterback. O'Donnell está en su mejor momento, pero en la siguiente jugada llega otro mazazo para Pittsburgh. Haley logra su segundo sack de la tarde y los Steelers se tienen que conformar con un field goal. 20-10 Dallas. Pittsburgh está todavía a dos posesiones y el tiempo apremia. Faltan poco más de once minutos para el final. Hay que recuperar la pelota enseguida. Dicho y hecho. Los Steelers ejecutan un onside kick[101] perfecto que sorprende a Dallas y el ovoide vuelve a manos de los de Cohwer. Switzer maldice en la banda. Vida extra para Pittsburgh. O'Donnell sigue moviendo la pelota de manera impecable. Los Steelers están ya muy cerca de las últimas 20 yardas de los Cowboys y obtienen un primer down con una carrera por el centro de Morris. A Morris le birlan un touchdown en una jugada parecida a la anterior de Smith. Segundo grave error arbitral. Enrabietado, en la siguiente jugada Morris consigue perforar la defensa rival y colocar el 20-17. El banquillo de los Steelers enloquece. Cohwer golpea cascos y grita con fuerza: «¡Vamos!, ¡vamos!».

Hay que seguir. Pittsburgh tiene poco más de seis minutos para evitar la coronación de los Cowboys. El peso de la historia juega un papel clave en las finales de todo gran evento deportivo. La historia esta tarde está flirteando con

---

101. El onside kick, o patada corta, es una jugada en la que en vez de patear lo más lejano posible la pelota, el kicker realiza una patada de diez yardas, lo mínimo que permite el reglamento. Es una jugada habitualmente utilizada en situaciones límite. El objetivo es que sea recuperada por un compañero. Normalmente se intenta realizar una patada envenenada que pueda crear confusión y engañar al adversario.

los Steelers, dos veces ganadores de una Super Bowl contra los Cowboys.

En las cinco últimas posesiones, los Cowboys han ganado apenas 41 yardas, prácticamente nada. La presión es inmensa, como el sol desértico que aprieta sobre ellos. Aikman encuentra a Kevin Williams para una ganancia de 22 yardas. Pero, pocos instantes después, la defensa de los Steelers perfora la línea de Dallas y se lanza hacia el objetivo. Aikman es derribado. Los Cowboys deben alejar el balón. Los Steelers tendrán la posesión de la victoria, o del empate. La tensión es máxima en el desierto de Arizona.

Arrancan desde sus propias 33 yardas con menos de cinco minutos por jugar. En la banda, la cara de Aikman es un poema: su destino ya no está en sus manos. O'Donnell, un quarterback fiable pero poco creativo, tiene que hacer lo que mejor sabe hacer: ejecutar las jugadas de Cohwer sin error. Todo está en su poder. El estadio contiene la respiración.

Pero a Neil O'Donnell, elegido en el puesto 70 del draft de 1990, le tiembla el pulso en el peor momento y, de nuevo, Larry Brown le intercepta a las primeras de cambio. Error garrafal. Descalabro. Cowher se hunde.

Los Cowboys cierran el encuentro con otro touchdown. 27-17 para Dallas. Dallas se corona tras un partido para el recuerdo. El abrazo de Aikman con Novacek sintetiza el alivio, la angustia y la felicidad que viven los texanos. Con sufrimiento, pero la Super Bowl XXX es de los Cowboys. Jerry Jones se muestra aliviado y exultante desde el palco.

Switzer se convierte en el tercer entrenador en conseguir un título universitario y coronarse también en una Super Bowl. Le acompaña en tan selecto grupo el entrenador al que sustituyó: Jimmy Johnson (Pete Carroll lo conseguirá muchos años más tarde). En la banda, un Switzer eufórico recibe de sus jugadores el baño de agua fría contenida en el bote de Gatorade[102]. Larry Brown es votado MVP de la Super Bowl. Por primera vez en la historia, el campeón recibe el trofeo Vince Lombardi sobre el terreno de juego.

Con casi 140 millones de telespectadores, el partido ha superado el récord de audiencia de un evento deportivo, y se ha convertido en el segundo programa más visto hasta entonces después del último episodio de la serie *M*A*S*H**. La Super Bowl XXX es una de las finales más recordadas de los últimos años. Una contienda tremendamente emocionante, disputada bajo un sol de justicia, que pasará a la historia como el «El Duelo en el Desierto».

Tras aquel partido, Dallas arrancará el peor periodo de su historia, todavía en vigor. Por su parte, los Pittsburgh Steelers ganarán la Super Bowl XL en 2006 contra los Seattle Seahawks. Dirigiendo a los de Pennsylvania seguía un tal Bill Cowher. Catorce años más tarde, en 2020, Cowher entraría con todos los honores en el Salón de la Fama. A su lado, lo haría también el entrenador al que sustituyó Barry Switzer: el gran Jimmy Johnson.

---

102. Una tradición que se inauguró en la Super Bowl XXI en la que los New York Giants superaron a los Denver Broncos.

12

EL MILAGRO
DE LA CIUDAD DE
LA MÚSICA

MUSIC
Nashville
CITY

NASHVILLE
TENNESSEE

EL PRIMER PARTIDO DE LA POSTEMPORADA de 1999 se disputó un sábado de enero en el Adelphia Coliseum de Nashville, a cuatro pasos del museo de Johnny Cash, en pleno centro de la ciudad. Era la primera vez que la cuna de la música country americana albergaba un encuentro de playoffs. Los Titans habían acabado en la capital de Tennessee tras un periplo en el cual cambiaron de estado y nombre. La franquicia de los Oilers dejó Houston para recalar primero en Memphis y, un año después, en Nashville. La mítica grúa Derrick y las camisetas azul claro de los Houston Oilers habían dejado paso al azul oscuro de los Titans y a la T que lucen en el casco.

Aquella tarde, los Titans se enfrentaban a los Buffalo Bills en la ronda de Wild Card. Ambos equipos llegaban con expectativas y ganas de hacer ruido en playoffs. Los Titans habían realizado una excelente temporada regular y solamente habían acabado por detrás de los Jaguars en su división[103]. El conjunto de Tennessee, entrenado por Jeff Fisher, contaba con Steve «Air» McNair, un quarterback muy talentoso capaz de lanzar y de correr, y con el running back Eddie George, que venía de realizar la mejor campaña de su carrera. Pero los Titans destacaban sobre todo por su defensa. Los Bills, por su parte, poseían el mejor promedio de la nación en yardas concedidas por partido (poco más de 250). El duelo se presentaba, pues, como una colosal batalla defensiva.

La afición local llegó pronto para saborear su primera postemporada. El Adelphia Coliseum, lleno hasta la bandera, rugía y los Titans no defraudaron. Tras un primer cuarto sin anotación, consiguieron 12 puntos consecutivos en el segundo para poner tierra de por medio. La afición local estaba exultante.

Pero en la segunda mitad las cosas se torcieron nada más empezar. El running back de los Bills Antowain Smith anotó dos touchdowns que pusieron a Buffalo por delante (12-13). Los pocos incondicionales que viajaron desde Buffalo lo celebraron a lo grande mientras la afición local enmudecía.

Ya en el último cuarto, los Titans anotaron un field goal que les ponía de nuevo por delante (15-13). Faltaba solo un minuto y 48 segundos para la conclusión y los Bills volvían a tener la pelota. Estaban obligados a lograr por lo menos un field goal, pero no disponían ya de tiempos muertos.

El retorno de los Bills fue excelente y rápidamente se colocaron en la yarda 35 de los Titans. Pero el reloj avan-

---

103. Los Jaguars solo habían perdido dos encuentros, ambos contra los Titans.

zaba amenazante. Cada segundo era oro y los Bills optaron por un ataque sin huddle. El quarterback Rob Johnson, que había sustituido ese día a Doug Flutie, el teórico titular, logró encontrar a Price, que salió de la cancha con la posesión del balón en la yarda 24 de los Titans con 20 segundos en el reloj del partido.

En este preciso momento se produjo una situación muy controvertida. El coordinador de los equipos especiales de Buffalo había pedido una jugada más antes de intentar el field goal. Su idea era quitarle más segundos al reloj y evitar que los Titans pudiesen gozar de una última oportunidad. Sin embargo, Wade Phillips, entrenador jefe de los Bills, dio la orden de patear en una situación de tercer down.

El kicker Steve Christie era el encargado de la patada. Christie no era un jugador cualquiera. Ya veterano, había sido uno de los jugadores claves en los años dorados de los Bills, cuando llegaron a cuatro Super Bowls consecutivas... y no ganaron ninguna. Christie ostentaba el récord de distancia en un field goal en una Super Bowl con 54 yardas. Esa tarde, con la afición de Nashville apretando y el tiempo consumiéndose, el kicker no tembló y regaló lo que parecía la ventaja definitiva para los visitantes. Mike Patrick, narrador de la ABC, rápidamente comentó: «Ahora solo un milagro puede salvar a los Titans».

Tras el golpeo, Christie fue levantado por sus compañeros y por toda la cancha se vieron festejos, abrazos y todo tipo de celebraciones. Algunos jugadores se acercaron a las cámaras de televisión para mostrar su felicidad.

Pero el partido no había concluido. Quedaban 16 segundos por jugar. Una última jugada. Fueron instantes eternos.

Los Titans tenían que apelar a la épica. Alan Lowry, responsable de los equipos especiales, decidió probar una acción llamada «Home Run Throwback». Cuando Lowry trabajaba como asistente del mítico Tom Landry en los Cowboys se quedó prendado de esta jugada en un partido entre Texas Tech y Southern Methodist en 1982. Se le había quedado grabada desde entonces. Tanto que, durante los entrenamientos, los Titans solían practicarla. La jugada consistía en que el jugador que recibía el balón del pateo rival tras el field goal dejaba el ovoide rápidamente en manos de otro jugador, que se iba hacia su derecha solo para girarse repentinamentre y dar un pase lateral hacia la izquierda. La idea era descolocar a la defensa y que el receptor del pase lateral tuviera el camino despejado.

Frank Wycheck fue elegido como ejecutor del pase lateral, tras indicación del coordinador ofensivo, que recordaba tanto un pase de touchdown que había logrado en un partido contra los Atlanta Falcons como algunos buenos desplazamientos que había realizado en partidillos de entrenamiento. Jeff Fisher, entrenador de Tennessee, se tomó unos momentos para hablar con el wide receiver Kevin Dyson, el jugador que recibiría el pase.

Fisher había elegido a Dyson porque el wide receiver Derrick Mason había sufrido un golpe en la cabeza y porque Anthony Dorsett Jr. sufría rampa. Dyson también había tenido calambres, pero le habían infiltrado en el tercer cuarto y podía seguir jugando. En la banda, Fisher le preguntó si se acordaba de la jugada. Dyson le respondió que no, que nunca le había prestado mucha atención. Fisher arqueó las cejas antes de explicarle rápidamente en qué consistía. A continuación le dijo que no se preocupara, que simplemente se quedara ligeramente por detrás de Wycheck y que cuando recibiera el balón corriera todo lo que pudiera.

Los visitantes tenían dos opciones de golpeo: una ejecución larga, para hacer que los Titans tuviesen que cubrir más yardas, o una patada de media distancia, pero con una trayectoria muy alta que permitiera a los Bills acercarse más al receptor de la patada y conceder menos espacio a la carrera de los contrincantes. Eligieron la segunda.

Christie ejecutó la patada, que fue atajada por Lorenzo Neal. Este dejó el balón a Wycheck, que se encontraba justo detrás suyo. Como estaba previsto, los jugadores de los Bills se fueron todos a por Wycheck, hacia el lado derecho de la cancha. Entonces, con una gran sangre fría, el exjugador de Maryland se giró y lanzó un pase lateral hacia la izquierda, donde estaba esperando, totalmente solo, el wide receiver Dyson.

El pase fue algo corto, Dyson tuvo que agacharse para hacerse con el balón, pero enseguida arrancó a correr. La jugada había tomado a los Bills con el pie cambiado y Dyson vislumbró ante sí una autopista hacia la gloria. El wide receiver de Utah corrió y corrió por la banda y sus compañeros bloquearon a la perfección cualquier intento de la defensa de Buffalo. Incluso se tomó el lujo de bajar el ritmo en los metros finales. La gente no se lo podía creer. El milagro que había comentado Mike Patrick en la ABC se había hecho realidad. ¡Touchdown Titans!

Nunca el Adelphia Coliseum había conocido semejante alboroto. La grada explotó y los jugadores se echaron unos encima de los otros. Los visitantes, que segundos antes celebraban el triunfo, se desplomaron sobre la hierba. Hubo lágrimas, gritos, rostros boquiabiertos, mucha incredulidad...

Los árbitros se tomaron su tiempo para revisar la jugada, pero finalmente mantuvieron que era reglamentaria ya que el pase de Wycheck no había sido hacia delante, lo cual la hubiese invalidado. Años después se comprobó que habían acertado. El milagro era legal.

Los Bills vivían otra enorme decepción en el peor momento mientras que los Titans avanzaban hacia la ronda divisional y el sueño de ganar una Super Bowl. Pero había todavía que trepar tres montañas, la primera, los Colts en Indianapolis.

En la capital de Indiana, la defensa de los Titans y una actuación descomunal de Eddie George —touchdown tras correr 68 yardas incluido— fueron decisivas para la victoria visitante. Una semana más tarde, en la final de la AFC ante los Jacksonville Jaguars, la defensa de los Titans siguió exuberante y causó seis turnovers en los primeros dos cuartos. Aunque partían como favoritos tras avasallar a los Dolphins de Dan Marino en la ronda anterior, esta vez los Jaguars no tuvieron opción. Los Titans lograban un inesperado boleto para el gran baile. El sueño de Tennessee seguía vivo.

Los Saint Louis Rams serían los rivales en la Super Bowl XXXIV. El entrenador del combinado de Missouri era el viejo Dick Vermeil, que había perdido una Super Bowl 19 años antes como entrenador de los Eagles. Entonces, fue acusado de haber sobrecargado a sus jugadores en los días previos al duelo. Tras muchos años fuera de los banquillos, Vermeil había vuelto a la palestra en 1997. Sus entrenamientos extenuantes habían dado nueve victorias en dos años. Pero en el tercero las cosas mejoraron.

En el draft eligieron a Torry Holt, un receptor que acababa de sumar 27 touchdowns en las últimas dos campañas universitarias, y en un canje con los Colts había llegado el fantástico corredor Marshall Faulk, un jugador que se revelaría clave en el futuro inmediato de la franquicia. En la posición de quarterback, los Saint Louis Rams habían fichado a Trent Green, pero se había lesionado en el tercer partido de pretemporada y otro mariscal, un trotamundos llamado Kurt Warner, que había destacado en los Amsterdam Admirals de la vieja NFL europea, se convirtió en titular. Warner no desaprovechó la oportunidad.

El nuevo quarterback aplicaba a la NFL algunos detalles de la Arena Football League[104], un campeonato de fútbol americano que se juega en cancha reducida en pabellones y que había conocido a lo largo de su periplo. La velocidad de ejecución, un timing perfecto con el running back Marshall Faulk, líder anímico de la plantilla, y con los receptores Isaac Bruce y Torry Holt, permitían a Warner destacar dentro de un sistema ofensivo tremendamente equilibrado. Destacó tanto que, contra todo pronóstico, fue elegido MVP de la temporada. Los Rams, que nacieron en Cleveland y se trasladaron a Los Angeles, antes de recalar en Saint Louis, lograron 13 victorias y cosecharon el título divisional. En playoffs se deshicieron primero de

---

104. Warner es el único jugador que ha sido elegido para el Salón de la Fama tanto de fútbol como de arena fútbol.

los Minnesota Vikings con un grandilocuente 47-39 y de
los Tampa Bay Buccaneers en la final de Conferencia (11-
6). Solo les quedaba un último escollo.

La Super Bowl XXXIV, disputada en el Georgia Dome
de Atlanta, se presentaba como un duelo entre el ataque
de los Rams y la defensa de los Titans, dos equipos que no
habían partido como favoritos a principios de temporada.
También se presentaba como una batalla entre dos estilos
de quarterback: el poderoso brazo de Warner contra la
exuberancia física de Steve McNair.

Abiertas las hostilidades, Warner lanzó para 300 yardas
en la primera mitad superando la fuerte presión de los
Titans. Pese a ello, los Rams solo puedieron anotar nueve
puntos, sin ningún touchdown. En la primera posesión del
tercer cuarto llegó el primero para la franquicia de Missouri. Warner orquestó un magnífico drive que culminó
con un pase maravilloso para Isaac Bruce.

El 0-16 parecía definitivo, pero Jeff Fisher quiso rebe-
larse al destino. Arengó a los suyos para que siguieran gue-
rreando y sus pupilos no le defraudaron. Steve McNair
encontró tres veces a Franck Wycheck, uno de los héroes
del «Milagro de la Ciudad de la Música», en este caso en su
papel más habitual de receptor. A continuación, McNair
corrió por 23 yardas y Eddie George, con un acarreo,
encontró el touchdown. Los Titans intentaron la transfor-
mación de dos puntos, pero no lo consiguieron.

Aquel touchdown supuso un punto de inflexión y los
Titans recuperaron rápidamente la pelota. En el sucesivo
drive McNair encontró brillantemente a Jackie Harris y
luego a Isaac Byrd, que enganchó su primera pelota de
toda la tarde. El drive, de 13 jugadas y 79 yardas, concluyó

con otro touchdown, esta vez de Eddie George. El marcador se apretaba. 16-13 Rams.

Ya en el último cuarto, a los Rams les duró muy poco la pelota. En el siguiente ataque, los Titans se acercaron al territorio rival y, gracias a una patada de Del Greco, igualaron el encuentro a 16. Nadie hasta entonces se había recuperado de un marcador tan adverso en una Super Bowl. Con 16-16 en el electrónico, la pelota volvía a manos de los Rams.

En la primera jugada tras el empate de los Titans, Kurt Warner mandó un obús de 73 yardas hacia Isaac Bruce, que ajustó su recorrido en carrera, se separó de su marcador y atrapó milagrosamente la pelota. ¡Touchdown Rams! El sobrehumano esfuerzo de los pupilos de Fisher quedaba en nada. 23-16 para los de Saint Louis.

Con un tiempo muerto y un minuto y 48 segundos por jugar, los Titans necesitaban otro milagro para forzar la prórroga. Solo tenían una opción: marcar un touchdown.

El drive arrancó desde las 21 yardas del campo de los Titans. McNair logró un pase para Dyson por dentro y otro para Wycheck por fuera, suficientes para el primer down y para detener el reloj. Tras un par de buenos pases y una penalización a los Rams, los Titans obtuvieron un primer down ya en territorio enemigo. McNair completó para Kevin Dyson alcanzando otro primer down y decidió seguidamente hacer un spike para, nuevamente, detener el cronómetro. La tensión era infinita en el Georgia Dome. Los Titans no se daban por vencidos, mientras que los Rams apelaban a su defensa para mantener la ventaja. En la banda, Vermeil parecía tranquilo. Fisher, todo lo contrario.

A falta de solo 31 segundos, McNair recibió el snap, la protección no fue buena, pero consiguió mantenerse de pie y, pese a la presión rival, fue capaz de mandar un pase al límite a las manos de Andre Dyson. El drive seguía vivo, pero solo quedaban cinco segundos. Era un ahora o nunca. Todo el mundo esperaba un pase directo a la end zone o una carrera de McNair. En la end zone había siete defensores, prácticamente ningún espacio, y los Titans optaron por un lanzamiento corto hacia Dyson, que recibió a unas cinco yardas de la zona de touchdown. El pupilo de Fisher tenía que correr. Delante de él asomaba la presencia de hambrientos energúmenos dispuestos a morir para salvar su territorio. Entre ellos Mike Jones, que agarró por los flancos a Dyson. Ya cayendo, Dyson intentó un último esfuerzo alargando el brazo derecho para alcanzar la end zone, pero Jones lo tenía bien agarrado y no lo soltó hasta tumbarlo definitivamente sin que el brazo del jugador de los Titans superase la línea. Los de Tennessee se quedaban con la miel en la boca... por solo una yarda.

Los Rams se coronaban por primera vez tras haber perdido la Super Bowl XIV en enero de 1980 ante los Pittsburgh Steelers. Pero de esto hacía ya casi veinte años. Dos años después, en febrero de 2002, volvieron a la Super Bowl, pero esta vez un fenómeno llamado Tom Brady les detuvo. Fue el primer título para los Patriots. El genio de San Mateo repitió la hazaña el 3 de febrero de 2019 en la Super Bowl LIII, que supuso el sexto título para los de Nueva Inglaterra, igualando a los Steelers, los más laureados hasta entonces. En esa ocasión los Rams ya no estaban en Saint Louis, sino en Los Angeles. Por su parte, Jeff

Fisher y los Tennessee Titans nunca obtuvieron el boleto para otro gran baile.

Pero ¿qué pasó con Dyson y Wycheck, la pareja artífice del milagro? Kevin Dyson tuvo una carrera plagada de lesiones y tuvo que retirarse con solo 30 años. Tras ejercer de entrenador durante unos años, hoy en día es director en un instituto de Tennessee. Frank Wycheck, por su parte, es entrenador asistente del instituto al que asistió de joven, en Philadelphia. En unas declaraciones recientes, comentó que en breve le ascenderían a coordinador ofensivo del equipo. Wycheck se conforma con ese rol en su vida presente, pero lo cierto es que si consigue desempeñar su trabajo igual de bien de lo que lo hizo en esos inolvidables segundos finales ante los Bills en enero de 2000, el futuro del equipo de fútbol del instituto Archbishop Ryan de Philadelphia será esplendoroso.

13
LOS HERMANOS MANNING

Hay un pueblecito en el corazón del estado de Mississippi llamado Drew. Situado a medio camino entre Memphis, al norte, y Jackson, al sur, hubo una época en la que esta era la localidad con más desmotadoras de algodón de todo el país. Drew, cuya población a día de hoy no llega a las 2000 personas, forma parte de la Mississippi Blues Trail, una ruta de enclaves destacados de la historia del blues, muchas de ellas en el estado de Mississippi: desde la casa donde nació Elvis en Tupelo hasta la iglesia delante de la cual tocaba un adolescente B.B. King en Indianola pasando por la tumba del gran Charlie Patton en Holly Ridge. Drew forma parte de la lista porque allí nacieron y se criaron varios de los miembros del grupo The Staple Singers. Y en Drew nació también Archie Manning en 1949.

Manning fue una especie de leyenda local. Quarterback titular del instituto del pueblo primero y de la prestigiosa Ole Miss después, también destacó como jugador de béisbol. Hasta en cuatro ocasiones fue seleccionado en el draft de la MLB. Pero su vida de ensueño se truncó en el verano de 1969, el mismo que cantó con nostalgia Bryan Adams. Archie estaba de vuelta en el pueblo para pasar las vacaciones de verano cuando halló el cuerpo sin vida de su progenitor. «Buddy» Manning acababa de suicidarse. El golpe fue muy duro y Archie se planteó dejar la universidad para ayudar a su madre y a su hermana. Jane Elizabeth Manning le convenció de que siguiera con su carrera.

Tras el drama, Archie consiguió llegar a la NFL, pero a pesar de realizar algunas buenas campañas con los Saints de Nueva Orleans, su carrera profesional no fue del todo lucida. Eso sí, transmitió sus genes de deportista a sus tres hijos: Cooper, Peyton y Eli. Cooper, el mayor, eligió Ole Miss —como su padre, y como harían también sus dos hermanos menores—, pero tuvo que interrumpir su prometedora carrera debido a una estenosis espinal. Cooper no llegó ni a debutar con los Rebels. Fue otro duro golpe para toda la familia. En su honor, Peyton, el mediano, decidió lucir el dorsal 18 de Cooper.

Peyton creció en Nueva Orleans, la ciudad en la que su padre vivió los mejores años de su carrera deportiva. Como su hermano Cooper, destacó en el instituto y recibió una beca de la prestigiosa Universidad de Tennessee, donde completó años magníficos. Elegido en el draft del año 1998 por los Indianapolis Colts, una franquicia que desde el traslado a Indiana no había cosechado grandes éxitos, a Peyton no le costó adaptarse al juego de la NFL. En su curso de estreno ya superó las 3700 yardas por aire y consiguió 26 touchdowns. Nada mal para un rookie.

Su segunda temporada, la de 1999, fue una maravilla. Pese a que el running back Marshall Faulk se había ido a los Rams, Manning superó las 4000 yardas y demostró ser un líder fiable en los momentos decisivos. Con todo, en la postemporada los Colts no pudieron con la defensa de los Tennessee Titans, que venían de realizar el «Milagro de la Ciudad de la Música».

En la temporada siguiente, la de 2000, Peyton alternó genialidades con malas actuaciones. En el partido de Wild Card, los Colts se enfrentaron a los Dolphins, entrenados por Dave Wannstedt y guiados por el quarterback Jay Fielder, no precisamente dos fenómenos. En la antigua casa de Dan Marino, inmenso jugador que nunca triunfó en postemporada, los de Peyton sufrieron una gran decepción tras caer en la prórroga.

En 2002, tras acabar la campaña de 2001 con solo seis victorias, el entrenador Jim Mora fue sustituido por Tony Dungy, un exjugador de los legendarios Steelers de los setenta. Pese a tener caracteres opuestos y a pregonar un estilo muy distinto, Dungy nunca ocultó lo mucho que había aprendido de Chuck Noll. El nuevo entrenador llevó a los Colts a playoffs, pero Peyton se llevó otro revés a las primeras de cambio. En el viejo Giants Stadium de East Rutherford los Jets endosaron al conjunto de Indianapolis un sonrojante 41-0. Todas las apariciones de Manning en postemporada se contaban con derrotas. El fantasma de Marino empezaba a asomar.

Pero Manning reaccionó en el siguiente curso. Tras tres victorias seguidas, incluyendo un portentoso 33-7 contra los Titans, en la cuarta jornada barrió al exequipo de su padre con el tercer partido de su carrera en el que rubricó un passer rating[105] perfecto. Una semana después, en el partido del lunes por la noche, con toda la nación delante del televisor, los Colts se enfrentaron a los Bucaneros de Tampa, ganadores pocos meses antes de la Super Bowl. Perdiendo 14-35 a falta de cinco minutos, Peyton lideró una remontada épica. Empezaba la leyenda.

Esa temporada de 2003 arrancó 5-0 y acabó con el título divisional para los Colts y con el premio de MVP para Manning y Steve McNair, quarterback de los Titans. Finalmente, contra los Denver Broncos en la ronda de Wild Card, Peyton logró su primera victoria de postemporada. Aquella tarde Manning ofreció un recital y completó números de escándalo: casi 400 yardas por aire y cinco touchdowns. Los Colts derrotaron a los de Colorado 41-10. Peyton se había quitado una losa de encima y en la segunda ronda asaltó el Arrowhead Stadium de Kansas City.

En la final de Conferencia esperaban los New England Patriots, ganadores de la Super Bowl dos temporadas antes. En Foxborough, los pupilos de Bill Belichick no tuvieron piedad de los Colts. Manning sufrió cuatro sacks y cuatro intercepciones. Dos semanas después, los Patriots se hicieron con su segundo anillo. Los periodistas que lo habían humillado tras cada fracaso volvían a afilar sus plumas. El espectro de Marino planeaba cada invierno sobre su cabeza.

En 2004 Peyton ya no era el único miembro de la familia en la NFL. En el draft del mes de abril, los Chargers eli-

---

105. Es la estadística que mide la labor del quarterback teniendo en cuenta todas las variables del juego.

gieron a su hermano menor, Eli. El padre, Archie, había declarado antes del draft que su hijo no jugaría en San Diego y los Chargers hicieron un intercambio con los Giants. Eli era más bajito que su hermano, pero con la misma confianza en su brazo derecho. Eli había registrado un buen número de récords en sus cuatro temporadas con los Rebeldes de Ole Miss. El director deportivo de los Giants estaba eufórico: «Es el tipo de jugador que se ve una vez cada diez años». El entrenador de los Giants era Tom Coughlin, apodado «El Coronel», pupilo de Bill Parcells. Como Parcells y otros inolvidables sargentos de hierro del pasado, Coughlin era partidario de una disciplina castrense. Se hizo famoso por multar a los jugadores que llegaban dos minutos antes de la hora prevista a las reuniones de equipo. El Coronel esperaba que llegaran por lo menos con cinco minutos de antelación.

En su año de rookie, Eli arrancó como titular solo en siete encuentros, de los cuales seis acabaron con derrota. No fue como para echar cohetes. Por su parte, Peyton se ganaba otro boleto para los playoffs y otro premio de mejor jugador de la temporada, esta vez sin tener que compartirlo con nadie.

Peyton realizó en 2004 una gran campaña, pero tras vencer en la ronda de Wild Card a los Broncos, llegó otra derrota a domicilio contra los Patriots. Peyton no estuvo a la altura y abandonó el sagrado césped de Foxborough cabizbajo, rendido a su majestad Tom Brady. Una vez más, Peyton fallaba en el momento clave. La nómina de detractores era cada vez más abultada. Los críticos insistían en el hecho de que era incapaz de mejorar su nivel en los momentos clave. Ese año los Patriots ganaron su tercera Super Bowl en cuatro temporadas. La supuesta rivalidad con Brady no era tal. A la hora de la verdad el californiano siempre se llevaba el gato al agua. En la temporada de 2005 ambos hermanos guiaron a los suyos hacia los playoffs, pero ninguno de los dos llegó a la orilla. Peyton perdió en casa contra los Steelers de Ben Roethlinsberger y Eli, en su primera postemporada, fue interceptado tres veces y lanzó por solo 113 yardas ante los Carolina Panthers. Fallar en el mes de enero se había convertido en una mala costumbre familiar.

La campaña siguiente, la de 2006, arrancó con el primer duelo entre los dos hermanos, el llamado «Manning Bowl I». En un partido de domingo por la noche, los Colts de Peyton superaron a los Giants 21-26 en East Rutherford. Ese año, pese a ganar solo 8 encuentros de 16, los Giants se clasificaron para playoffs. Contra los Eagles en el partido de Wild Card, Nueva York se encontró 10 puntos abajo, pero un gran drive de Manning significó el empate. Eli orquestó una serie de 80 yardas, luciendo todo su camaleónico repertorio. La jugada maestra de aquel ataque fue un tercer down y 12 yardas en el cual encontró a Plaxico Burress con un estupendo proyectil. Sin embargo, poco después se produjo el amargo desenlace. Una patada de David Ackers en el último instante postergó los sueños de gloria para Eli y los Giants.

Aquel mismo fin de semana, Peyton y sus Colts superaron a los Kansas City Chiefs, pese a los tres pases interceptados que sufrió el mariscal. En la siguiente ronda, los blanquiazules superaron a los Ravens gracias a una excelente prestación de la defensa y a cinco patadas de

Adam Vinatieri, que había fichado por los Colts tras haber ganado tres Super Bowls con los Patriots. Indianapolis se llevó el partido pese a una actuación irregular de Manning, machacado por la defensa de Baltimore.

El domingo siguiente, los Colts desafiaron a los Patriots en el RCA Dome de Indianapolis. Se presentaba la oportunidad de derrotar a Brady por primera vez, pero los Patriots arrancaron la final de Conferencia como una apisonadora y se pusieron 3-21. La cara de los aficionados locales era un poema. El RCA Dome entró en coma. Peyton, sin embargo, no dejó de creer y los Colts se acercaron paulatinamente en el marcador. A falta de poco más de dos minutos, el electrónico indicaba un apretado 31-34 para New England.

Manning hilvanó un drive rápido que acabó en touchdown y que puso a los Colts por delante. Fue un clásico ejemplo de la No Huddle Offense pregonada por Jim Kelly y Marv Levy con los Bills. De hecho, si hay un jugador que tomó el relevo de este tipo de ataque es Peyton, aunque no la utilizara de forma tan asidua como el conjunto de Buffalo de principios de los noventa. Peyton más bien pasaría a la historia por ser un tremendo ejecutor de audibles, es decir, cambiar una jugada ya con los equipos en la línea de scrimmage tras haber leído cómo se disponía la defensa adversaria. En ese tipo de jugadas fue un auténtico fuera de serie.

El RCA Dome temblaba ahora por el estruendo de unos aficionados que llevaban años padeciendo amarguras. Con 60 segundos en el reloj, los Patriots no tiraron la toalla y rápidamente se plantaron en territorio enemigo. Brady era un maestro en cocer series ganadoras en los últimos instantes. El RCA veía con pánico el avance de los de Belichick. Pero, de repente, Brady demostró su lado humano. Marlin Jackson interceptó el envite del número 12 y los Colts pudieron celebrar por todo lo alto el pase a la Super Bowl XLI. Era la primera vez que lo conseguían desde el traslado a Indianapolis[106]. En Miami, los Colts, campeones de la AFC, llegaban como claros favoritos contra los Chicago Bears, campeones de la NFC[107]. En la primera Super Bowl que se disputaba con lluvia, los Bears golpearon primero... y muy pronto. Devid Hester retornó la patada en la end zone de los Colts. ¡Pum! Sin embargo, tras un primer cuarto que acabó 6-14, los Colts dieron la vuelta al marcador en el segundo cuarto y llegaron al descanso con un 16-14 a su favor.

En el tercero, tras dos field goals de Vinatieri y otro de Robbie Gould de los Bears, los Colts ampliaron la ventaja (22-17). Ese día Peyton completó 25 de 38 pases y agradeció la intercepción de Kelvin Hayden, que retornó por 56 yardas una pelota hasta el touchdown para cerrar definitivamente el encuentro a favor de Indianapolis. Pese a unos números no especialmente destacables, Manning añadió a su primer anillo el galardón de MVP. Peyton había llegado a la cima.

Tocados en su propio orgullo, los Patriots conformaron una plantilla imbatible para la temporada siguiente

---

106. La última Super Bowl de la franquicia se remontaba a 1970, cuando los Colts estaban todavía en Baltimore.
107. Los Bears llegaban al gran baile por primera vez desde su histórica victoria en 1985.

tras el sonoro fichaje del wide receiver Randy Moss. New England no defraudó y llegó al gran baile sin perder un solo partido[108]. De ganar la Super Bowl mejorarían la temporada perfecta de los Dolphins porque ahora se disputaban dos partidos más en la temporada regular. ¿Cuál era el último escollo? Los Giants de Eli Manning. Los de Nueva York llegaban a la Super Bowl XLII tras una campaña harto irregular. Muchos cuestionaron durante la temporada si Manning era realmente uno de esos jugadores que nace cada diez años. Pero todo había cambiado en enero.

Primero, los Giants profanaron el Raymond James Stadium de Tampa y luego, contra todo pronóstico, no se dejaron apabullar por la ofensiva de Tony Romo en Dallas ante los Cowboys. El partido de Campeonato se jugó también a domicilio, en la tundra helada de Green Bay. El duelo se fue a la prórroga. Aaron Rodgers ganó el sorteo, pero no pudo aprovecharlo. Corey Webster lo interceptó y poco después la patada de 47 yardas de Tynes estampó los boletos para la Super Bowl. Fue la patada más larga acertada por un equipo visitante en el Lambeau Field. Archie Manning era el único padre de dos hijos que, siendo quarterbacks, guiaban a sus respectivos equipos hacia una Super Bowl.

A pesar de la enorme alegría, todo el mundo era consciente de que los Gigantes necesitarían más que un milagro para hacer cosquillas a los invencibles Patriots, que se presentaban al gran baile de Phoenix favoritos por 12 puntos. El duelo, sin embargo, fue más reñido de lo esperado.

---

108. Peyton lideró a los suyos a otro título divisional, pero los Colts cayeron a las primeras de cambio en casa contra los Chargers.

Los Giants arrancaron el partido con un drive larguísimo que les reportó no solo tres puntos sino la confirmación de que no estaban allí de meros comparsas. Con todo, los Patriots tomaron ventaja antes del descanso gracias a un touchdown de Lawrence Maroney (3-7). Ya en el último cuarto, los neoyorquinos se pusieron por delante tras un touchdown de David Tyree, que aprovechó un buen pase de Manning. Pero Brady es mucho Brady y, poco después, hilvanó el drive que acabó con un lanzamiento para la estrella Randy Moss que parecía poner punto y final al asunto. 10-14 Patriots a falta de cinco minutos.

La defensa de los Patriots parecía infranqueable cuando, con dos minutos y 42 segundos en el reloj, Manning se vio ante la oportunidad de su vida. Arrancó desde las propias 19 yardas. En la primera jugada obtuvo un primer down gracias a un pase a Amani Toomer y luego intentó conectar sin éxito con Plaxico Burress. En una situación de tercer down volvió a buscar a Amani Toomer que, sin embargo, no logró cerrar el down por escasos centímetros. En el cuarto intento, una carrera de Brendan Jacobs fue suficiente. Los Patriots no lograban finiquitar el asunto. Poco después, en una situación de tercero y cinco en sus propias 44 yardas, se produjo una de las jugadas más curiosas de la historia de la Super Bowl.

Manning escapó milagrosamente de tres intentos de sack, se apartó de los hambrientos defensores de los Patriots y lanzó un obús con una espiral poco ortodoxa rumbo a David Tyree. El jugador de Nueva York saltó hacia el cielo con las dos manos abiertas y se hizo con el balón, pero, todavía en el aire, recibió un manotazo del safety de los Patriots Rodney Harrison. Tyree tuvo la suerte de que el balón quedó bloqueado entre la mano del jugador de los Patriots y su casco y pudo mantener la posesión. Aquella extraña recepción de Tyree, que pasó a la historia como «Helmet Catch», dejó tocados a los de Belichick. Poco después, Eli conectó con Plaxico Burress y este anotó el touchdown que certificó la locura. Eli había derrotado a Brady, los Giants a los invencibles Patriots. La familia Manning había logrado su segunda Super Bowl consecutiva. Los hijos de Archie estaban en el Olimpo.

En 2008, tras completar un curso excelente, los Giants consiguieron el título divisional, pero a continuación perdieron en casa contra los archienemigos Eagles en la ronda divisional. Eli Manning no tuvo una buena tarde. En los dos años siguientes, el hermano pequeño no llegó a la postemporada. Parecía que su estrella se apagaba cuando, de repente, en 2011, se volvieron a alinear los astros.

Los Gigantes lo pasaron mal para meterse en playoff, pero en el partido de Wild Card barrieron a Atlanta Falcons. Tras ese partido, el menor de los Manning entró en combustión. Contra los Packers, vigentes campeones, firmó una obra maestra: lanzó tres touchdowns y completó 21 de 33 intentos. Los Gigantes viajaron a San Francisco para el Championship. En el Candlestick Park pasó de todo. Manning cayó en la lona seis veces, pero completó 32 de sus 52 intentos y en la prórroga los neoyorquinos acertaron la patada decisiva. Los Giants se clasificaban contra todo pronóstico para la Super Bowl XLVI.

El 5 de febrero de 2012, en el Lucas Oil Stadium de Indianapolis, los Patriots —quién si no— esperaban con ganas de revancha. Esta vez eran favoritos por solo 2,5 puntos, debido al hecho de que los Giants estaban en racha y de que New England no había completado una temporada regular tan buena como el año de la Super Bowl XLII. Quiso el destino que los Patriots fueran por delante 17 a 15, pero que la posesión de la posible remontada estuviera de nuevo en manos del hermanísimo.

Nueva York arrancó desde sus propias 12 yardas con tres minutos y 46 segundos por jugar. El papel de David Tyree cuatro años antes correspondió esta vez a Mario Manningham. Fue un pase de 38 yardas que cambió anímicamente el drive y que hizo que los fantasmas de cuatro años antes volviesen a acechar a los Patriots. Eli lanzó una parábola hacia el costado izquierdo que superó a Chung y que Manningham logró atrapar adelantando sus brazos en el momento justo, enganchando el ovoide con sus dos pies en la cancha antes de caerse fuera del emparrillado. Fue una auténtica proeza técnica, atlética y mental. Belichick había pedido a los suyos que ataran en corto a Victor Cruz y a Hakeem Nicks para que los Gigantes tuviesen que buscar opciones menos peligrosas, al menos en teoría, como el propio Manningham. Los de Coughlin aceptaron el desafío. Y reventaron a su rival. De hecho, Mario Manningham agarró tres pases en aquel memorable ataque final. Poco después, los Giants llegaron a la end zone y pusieron el 21-17 en el marcador.

Faltaba un minuto. Los Patriots estaban contra las cuerdas. Brady lanzó un Hail Mary desesperado. Los dioses de la NFL esta vez dijeron que no y el balón cayó a escasos centímetros de las manos de Rob Gronkowski[109]. Los Giants lograban su segundo entorchado en cinco años. Impresionante.

En quince temporadas en la NFL, Eli Manning se clasificó para playoffs solo seis veces. Y solo en dos de estas logró ganar el primer partido, pero cuando lo hizo acabó ganando a domicilio el partido de Campeonato, ambas veces en la prórroga. Pero por encima de todo, los Giants de Eli Manning serán recordados por haber derrotado al mejor equipo de la historia en dos Super Bowls. Algo inaudito.

Mientras tanto, Peyton, tras una fantástica temporada en 2009, había jugado otra Super Bowl, perdiendo contra Drew Brees y sus Saints. A pesar del título de 2006, Peyton no había logrado construir una dinastía en Indianapolis. Se perdió todo el curso del año 2011 debido a una lesión y los Colts decidieron no renovarle el contrato y apostar por el emergente Andrew Luck. Con ganas de demostrar que no había dicho su última palabra, fichó por los Broncos de Denver, donde vivió cuatro magníficas temporadas, mejores incluso que las catorce de Indianapolis.

En Denver se clasificó dos veces para la Super Bowl, ambas tras derrotar en la final de Conferencia a los Patriots de Brady. En la temporada de 2013, la Super Bowl que perdieron contra los Seahawks de Russell Wilson significó otra tremenda decepción, pero el destino le quiso regalar un final feliz. Dos años después, contra

---

109. En *The Boston Globe* el periodista Dan Shaughnessy lamentó que Boston no pudiera certificar un Grand Slam −campeonatos en todos los deportes importantes durante un periodo de cuatro años y cuatro meses−, tras los triunfos de Red Sox (béisbol) en 2007, Celtics (baloncesto) en 2008 y Bruins (hockey) en 2011.

todo pronóstico, los Broncos derrotaron a los Panthers de Cam Newton. Aquella tarde en Santa Clara, Peyton no estuvo brillante, pero la defensa de los Broncos jugó a las mil maravillas y le regaló una despedida memorable. Y el empate a dos, en términos de anillos ganados, en el duelo con su hermano.

Fue su último encuentro como profesional. No muchos jugadores pueden presumir de retirarse tras ganar una Super Bowl, aunque sus números y su aura quizá apuntaban a más títulos. Pero la carrera de Peyton coincidió en el tiempo con la de Tom Brady. Y eso son palabras mayores.

En su discurso de retirada, Peyton agradeció tanto a la gente de Nueva Orleans, Knoxville —sede de la Universidad de Tennessee— como a la de Indianapolis y Denver, y concluyó con estas palabras: «Hay una lectura de las Escrituras, 2 Timoteo 4:7 que dice: 'He peleado una buena batalla y he terminado la carrera. He mantenido la fe'. Bueno, pues yo he peleado una buena pelea, he acabado mi carrera de fútbol y después de 18 años, ha llegado mi hora. Dios los bendiga a todos y Dios bendiga el fútbol».

14

LA EPOPEYA DE BRADY Y BELICHICK

No son pocos los periodistas que dan ya por acabado el partido y preparan el obituario de los Pats, cerrando crónicas que les reprocharán la rendición y que incluso dejarán en un segundo plano la hazaña de los Falcons de conseguir la primera Super Bowl de su historia. Aunque el tiempo no se ha agotado y los hombres de New England siguen en pie, algunos los ven ya como esqueletos andantes, ataviados con su mortaja plateada y azul, a punto de recibir el tiro de gracia en un fútil segundo periodo. El sueño de levantar un quinto trofeo de la Liga Nacional de Fútbol se disipa al ritmo del segundero. El conjunto de Bill Belichick se tendrá que conformar con engrosar su palmarés con un quinto título de subcampeón. O lo que es lo mismo: confiar en que, el año siguiente, el equipo que más Super Bowls ha disputado tenga una nueva oportunidad para agrandar su leyenda y acercarse a los Pittsburgh Steelers, que suman seis triunfos desde 1975.

Pero al receptor estrella de los tetracampeones, Julian

«Ardilla» Edelman, el viejo aforismo de que solo lo que bien empieza, bien acaba, no le convence en absoluto. «Esta va a ser una historia de la hostia» concluye con naturalidad el 11 de los Pats, mientras su equipo recupera el aliento en el descanso, en las profundidades del NGR Stadium de Houston, Texas, el 5 de febrero de 2017.

Edelman sabe perfectamente a quién debe dirigir tal dosis de optimismo. Tom Brady, la brújula del conjunto norteño, no solo ha demostrado en los últimos quince años que sabe dirigir a sus jugadores en condiciones extremas, sino que, además, tiene una facilidad casi descortés con el rival de dejar su huella en el camino hacia la gloria. Los cuatro anillos de campeón que lucen sus dedos respaldan esa destreza. Tras las palabras de la Ardilla, llega el momento de la confianza del campeón veterano y, acaso, del miedo a ganar del adversario primerizo que ya se ve cerca de la gloria.

El polémico Deflategate dejó a Brady fuera de los cuatro primeros partidos de la temporada de 2016. La NFL lo sancionó tras descubrir que los balones de la final de la American Football Conference de la temporada 2014 se habían hinchado con una presión por debajo de lo reglamentario. Todo un escándalo público difundido por los Indianapolis Colts. Tras meses de investigación, la controversia salpica directamente al paladín del equipo bostoniano. Aunque inicialmente la liga lo sancionó de cara a la temporada de 2015, el comisionado jefe de la NFL, Roger Goodell, llevó el caso a los tribunales y, finalmente, la inhabilitación se retrasó un año.

Durante su ausencia, Belichick ha apostado por Jimmy Garoppolo, una promesa de 25 años que no había contado con demasiadas oportunidades en las filas de los Pats desde su debut en 2014. Aquella no fue tampoco su temporada, pues se lesionó en el hombro derecho en su primer partido como titular. Las alarmas volvieron a dispararse, pero el bisbiseo de que iban a descarrilar sin Brady (y sin Garoppolo) amainó pronto. Los Patriots no solo no se amedrentaron, sino que hicieron algo que ni los más optimistas esperaban: consiguieron tres triunfos en los primeros cuatro encuentros. Tres victorias para agrandar la leyenda del técnico Bill Belichick.

El 9 de octubre fue la fecha de la vuelta al ruedo de su mariscal de campo, en un encuentro contra los Browns de Cleveland. Fue precisamente ese 9 de octubre cuando Brady y Edelman sacaron pecho e hicieron patente la especial conexión que había entre ambos. El equipo ganó 33-13 en lo que, visto en perspectiva, pareció una auténtica premonición de lo que ese tándem ejecutaría meses después en Houston.

Sin embargo, en los dos primeros cuartos, lo que los Pats están disputando en el NRG Stadium este primer domingo de febrero parece todo menos una final. Ningún equipo en la historia ha sacado una ventaja de diez o más puntos de diferencia a la mitad de una Super Bowl y, ya iniciado el tercer cuarto, el marcador solo va a peor para los del casco argentado. En solo cuatro minutos, los de Georgia alcanzan la end zone por cuarta vez y colocan un apabullante 28-3 en el marcador, una diferencia de 25 puntos que parece cerrar definitivamente el encuentro. Para más inri, el primer ataque de los Patriotas tras una lamentable primera parte acaba con el ovoide alejado de su territorio defensivo. Evasión. La viva imagen de la sumisión, y un regalo para unos pletóricos Falcons, que observan extasiados cómo su enemigo se va consumiendo. Conscientes de los desaciertos que los están condenando al fracaso, a Belichick y Brady solo les vale sacarse de la manga algo histórico. El reto es mayúsculo, acaso el más comprometido de sus carreras. Y eso es mucho decir.

Tom Brady nació el 3 de agosto de 1977 en San Mateo, un barrio residencial situado en la bahía de San Francisco, a 30 minutos del lugar donde se ubicaba el Candlestick Park, el estadio de los San Francisco 49ers hasta 2014. De niño, Brady solía ir a ver a su equipo favorito con sus padres en aquellas gradas ya desaparecidas. En una final de la National Football Conference entre los Dallas Cowboys y los 49ers, el chico lamentó no tener uno de esos gigantescos dedos de espuma tan característicos que usan los aficionados para animar. Pero esa desilusión infantil se esfumó tan pronto vislumbró el casco rojo y dorado de Joe Montana, quarterback y estrella de los 49ers.

La naturaleza no había dotado a Tom de un físico portentoso. De adolescente, parecía cualquier cosa menos un atleta. Eso sí, era un joven tremendamente competitivo, con una necesidad imperiosa de superarse. Siempre que podía retaba a otros chavales a una carrera. Normalmente perdía, pero nunca se daba por vencido en el primer asalto. En lugar de buscar excusas, el chico del hoyuelo en la barbilla analizaba con lupa su actuación en busca de fallos. Una vez tenía claro el diagnóstico, volvía a retarle. Y la segunda vez solía ganar. Tom aprendía de sus errores y, cuando parecía que los cimientos temblaban, bregaba por mantenerse en pie. Una filosofía muy propia del catcher en béisbol, posición en la que jugó durante su adolescencia. Fue en la pelota base donde Brady adquirió la polivalencia técnica, táctica y, sobre todo, la fuerza mental que tanto le serviría años más tarde en el fútbol.

Un buen catcher no tiene que ser especialmente rápido ni fuerte, pero debe ser más listo que el rival. Y Brady siempre ha sido el más listo. Cuando todavía estaba en el instituto, los Montreal Expos —desde 2005 rebautizados como Washington Nationals y asentados en la capital norteamericana— llegaron a ofrecerle un contrato y un buen sueldo para ser su catcher, pero «The G.O.A.T»[110] quería probar suerte en el mundo del fútbol y prefirió enrolarse en la Universidad de Michigan y jugar de quarterback en los Wolverines.

Pese a que apenas jugó durante las primeras dos temporadas, lo que lo llevó a ir a terapia para superar la frustración, intentó mejorar su juego a base de entrenamiento duro. Brady estaba obsesionado con ganarse la titularidad. Nada deseaba más que eso. Su tenacidad finalmente encontró recompensa. Entre 1998 y 1999, tras derrotar a Drew Henson, hasta entonces quarterback titular de los Wolverines, arrancó todos los partidos como titular y ganó dos de las competiciones más importantes del mundo universitario: el Citrus Bowl y el Orange Bowl.

Sin embargo, las críticas no cesaron. Muchos seguían diciendo que era demasiado flaco y lento, que no tenía un buen juego de pies y que, si bien era un jugador efectivo, no era carne de NFL. Prueba de ello fue que, en el draft de 1999, seleccionaron a hasta 198 jugadores antes que a

---

110. La Cabra, en inglés, acrónimo con el que se le conoce ahora y que significa «Greatest Of All Time» (El Mejor de Todos Los Tiempos).

él. El gran Tom Brady fue elegido por New England con
el número 199, en la sexta ronda. Un recuerdo que todavía
hoy le persigue.

Tras el suplicio, el cambio de milenio le brindó la oportunidad de su vida. Los Patriots ficharon como entrenador
a quien sería su mejor aliado en las siguientes décadas: un
hombre llamado Bill Belichick.

Nacido en 1952 en Nashville, Tennessee, y criado en
Annapolis, Maryland, Belichick creció viviendo el fútbol.
Su padre, Steve, era militar y el coordinador defensivo del
equipo de fútbol de la Academia Naval de los Estados Unidos. A nadie sorprendió que el chico se dedicara profesionalmente a este deporte. Ya en la segunda mitad de los
ochenta se inició como entrenador asistente en los New
York Giants bajo las órdenes de otro Bill, conocido por su
alias «The Big Tuna». Bill Parcells fue, junto a su padre,
quien lo curtió y le ayudó a forjar su sabiduría táctica y su
mentalidad ganadora. En la etapa que compartieron vestuario, lograron dos anillos con los Giants. Dos Bills. Dos
anillos. Todavía hoy se exhibe en el Salón de la Fama del
Fútbol Americano Profesional, en Canton, Ohio, el plan
ofensivo con el que los Gigantes de Nueva York ganaron a
los Buffalo Bills la Super Bowl de 1991.

Ese mismo año, la gris Cleveland le ofreció al de Nash-
ville su primera experiencia como entrenador jefe. Los
Browns no ganaban un título de la NFL desde que la Super
Bowl arraigó como la competición de competiciones en
1967. De hecho, la vieja ciudad industrial del estado de
Ohio no pasaba por un gran momento deportivamente
hablando. Aunque los Cavaliers llegarían ese año a las
Finales de Conferencia en la NBA, los Indians todavía esta-

ban lejos del conjunto que llegó a disputar —y perder—
dos Series Mundiales de béisbol en 1995 y 1997. Belichick
encarnaba la escalera hacia el éxito. Sin embargo, tras
cinco temporadas sin llegar a la Super Bowl, la directiva
prescindió de él. Su ideario defensivo no había cuajado.
Su siguiente aventura como entrenador fue en los New
York Jets. Pero si en Cleveland aguantó cinco años, en
Nueva York no estuvo ni cinco horas. Belichick ni siquiera
deshizo las maletas, pues se fue el mismo día que aterrizó
en la ciudad donde los sueños, excepto los suyos, se cum-
plen. Una marcha colmada de polémica, entre otras cosas
porque lo anunció en la misma rueda de prensa convocada
para su presentación oficial, y a través de una simple nota
de su puño y letra. ¿Qué había motivado una decisión tan
súbita? Otros planes. A 200 millas al norte. En un pueblo
llamado Foxborough.

Los expertos suelen referirse al coach de los Pats como
un genio. Pero Belichick es sobre todo un entrenador duro
y exigente, con un sistema que prioriza el sacrificio, la pre-
paración y la versatilidad. Su meticulosa dirección obliga a
los jugadores a saber reaccionar en todo momento y bajo
presión, consiguiendo que cualquiera de ellos pueda ser
decisivo en los momentos clave de los partidos más importantes.

En 2008, año en el que los ligamentos de la rodilla
izquierda de Tom Brady se rompieron, la prensa augu-
raba un futuro muy negro para el equipo. Matt Cassell,
sustituto del brillante quarterback, no era nada del otro
mundo. Pero los Patriots salvaron la temporada ganando
11 de los 16 encuentros jugados. Una hazaña que Belichick
obró transformando puntualmente a receptores en defen-

sores y sacando el máximo rendimiento de jugadores a priori corrientes. Algo así como lustrar el diamante en bruto para que pueda brillar. Eso es lo que hizo con receptores como Julian Edelman, que en su carrera universitaria había jugado como mariscal de campo, o con Danny Amendola, protagonista de algunas de las recepciones más célebres en la historia de los Patriots.

Pero el primer golpe sobre la mesa de los Patriots se produjo en enero de 2002, en un encuentro de playoffs contra los Oakland Raiders. Nevaba intensamente en Foxborough, pero los de la bahía dominaban el partido. Quedaba un minuto y 50 segundos para el final y los de Nueva Inglaterra intentaban recortar tres puntos de desventaja avanzando hacia la yarda 42 del campo rival. La mente de Brady elucubraba la mejor forma de entregar el ovoide. Debían ganar terreno suficiente para, al menos, patear en busca del empate. Pero pensar a lo grande era, y siempre ha sido, lo suyo, y no descartaba el touchdown definitivo en su casa, en el Foxboro Stadium (antecesor del actual Gillette Stadium). El Patriot no pecaba de ingenuo. Sabía que los Raiders no iban a ponérselo fácil.

Con un imponente blitz defensivo, el dorsal 24 de los de Oakland, Charles Woodson, tumbó a Brady por la espalda. Sin piedad. Los espectadores reaccionaron un segundo antes que el mariscal californiano. Con el derribo, el santuario bostoniano se sumió en un silencio sepulcral. Mientras tanto, la pelota caía delicadamente sobre la nieve que ocultaba la hierba del estadio. Las temperaturas ya habían descendido a los 4 grados bajo cero. La estampa de los jugadores sacudiéndose sobre el manto blanco era imponente y sazonaba con aires de grandeza la reyerta. El quarterback, sin éxito, hizo un ademán desesperado e inútil para recuperar la bola, pero pronto las manos hambrientas de Greg Biekert, linebacker de Oakland, recogieron el testigo. El futuro G.O.A.T. solo pudo dejar caer su cabeza en el terreno de juego, asumiendo la derrota. Había cometido un ridículo fumble. Una pifia monumental en el peor momento.

Sin embargo, la autoridad del encuentro, Walt Coleman, no vio tan claro ese fumble. El tiempo se detuvo cuando el árbitro de Arkansas, con quince años de experiencia acumulada sobre los hombros, pidió la revisión de la jugada. Quería comprobar si se había cumplido la controvertida Tuck Rule. Esta regla, que fue derogada en 2013 a regocijo de sus detractores, disponía que cuando un jugador de ataque tiene la posesión del balón y su objetivo es pasarla, cualquier movimiento voluntario hacia adelante de su brazo dará comienzo al pase. El matiz que introducía la Tuck Rule era que si en ese momento el jugador perdía la posesión del balón por la interrupción de un defensa, el pase se consideraría incompleto.

La repetición instantánea reveló que Brady había intentado efectuar el pase y que Woodson lo había placado mientras tenía lugar dicho movimiento. Seguido de sus homólogos, el árbitro se acercó al centro de la cancha y pronunció estas palabras: «El brazo del quarterback no ha terminado su movimiento...». Resultó imposible escuchar la decisión a causa del clamor de los miles de aficionados locales. Coleman confirmaba a los del conjunto azul, blanco y rojo que no estaba todo perdido.

Los de Massachusetts mantenían la posesión del balón y disponían de tres intentos para avanzar. Brady conectó

con David Patten, y ambos allanaron el camino a Adam
Vinatieri, el pateador. Empezaba a nevar con mayor intensidad, pero para un tipo de Dakota del Sur como Vinatieri,
acostumbrado a los desfiladeros de los montes Rushmore
y las Black Hills, las bajas temperaturas solo hacían que
se sintiera todavía más como en casa. En la yarda 28 de
Oakland, el pateador metió el balón entre palos para forzar la prórroga.

Los Patriots ganaron el sorteo que inauguraba el
tiempo extra y, nuevamente, la combinación Brady-Vina-
tieri cosió un drive perfecto que condujo a los de Belichick
a la final del Campeonato de la AFC ante los Pittsburgh
Steelers. El partido fue una exhibición de fortaleza y
coraje de todo el equipo, con mención de honor para Tom.
A la mañana siguiente, Bob Ryan, legendario periodista
de *The Boston Globe*, señalaba que después de la victoria de
los Pats ante los Raiders, al californiano había que empezar a compararle con Montana. Dijo que ambos eran des-
cendientes espirituales del mítico Bart Starr, el legendario
quarterback de los Green Bay Packers de los sesenta, el
equipo que ganó la primera Super Bowl de la historia, en
1967, con Vince Lombardi de entrenador. No contento
con eso, el reportero, que demostró un gran olfato, escribió: «Brady obra milagros con muy poco».

Un mes después, en la primera Super Bowl de la era
Belichick-Brady, los St. Louis Rams llegaban al Louisiana
Superdome de Nueva Orleans con la etiqueta de claros
favoritos. Era la primera vez que la Super Bowl se jugaba
en febrero. La explicación era tan lógica como funesta. A
principios de temporada tuvo lugar uno de los episodios
más negros de la historia norteamericana reciente: el 11-S.

Como muestra de solidaridad y respeto a las víctimas de la tragedia del World Trade Center y sus familias, la NFL movió el calendario, posponiendo una semana la temporada regular. El 3 de febrero de 2002, el fútbol volvía a ser una válvula de escape y el segundo mes del año se mantuvo inamovible para celebrar el gran baile. Hasta ahora.

La salida al terreno de juego fue un fiel reflejo del estilo y las prioridades de ambos equipos. Los ahora conocidos como Los Angeles Rams desfilaron con las estrellas al frente. Los Patriots, por su parte, salieron todos a la vez[111]. Fue una aparición inusual para los espectadores de la Super Bowl, acostumbrados a que los mejores jugadores destaquen respecto al resto de la plantilla. Pero los de Nueva Inglaterra respetaban la filosofía de equipo versátil que Belichick se empeñaba en inculcar. Esa actitud se mantuvo a lo largo del partido.

La fuerza física y mental de los Patriots fue patente en el excelente trabajo defensivo. En una jugada clave, Kurt Warner, mariscal de los de St. Louis, lanzó a la desesperada el ovoide en la dirección de Isaac Bruce, instantes antes de encajar el impacto del potente linebacker de los Patriots Mike Vrabel. Bruce no alcanzó la bola, el cornerback Ty Law interceptó la ruta del receptor y regresó con el preciado balón hasta la línea de touchdown. Poco después, Brady entraría en escena. Aprovechando otra pérdida de balón de los Rams, convirtió el turnover en una granada que detonó en David Pattens, no sin antes realizar una ele-

---

111. En un principio la NFL no lo aprobó, pero tras la insistencia de Belichick aceptaron la propuesta. Desde entonces, en todas las Super Bowls los equipos han salido al campo de manera colectiva, sin jerarquías, todos los jugadores a la vez.

gante acrobacia en el aire. Aquello brindaba a los Pats una sólida ventaja (17-3). Sin embargo, los Carneros (antaño de Missouri) igualaron el partido en el último cuarto con dos touchdowns. Empate a 17 a falta de dos minutos. Un último drive y otra vez Adam Vinatieri. El techo del Louisiana Superdome protegía el terreno de las incidencias meteorológicas, pero no de la calidad del pateador de South Dakota. Vinatieri golpeó el balón del triunfo desde 48 yardas. 20-17 Patriots. Los New England Patriots alzaban la primera Super Bowl de su historia. Dos años había necesitado Bill Belichick para llegar a los más alto. «Nadie daba un duro por nosotros en este partido, pero creímos en nosotros mismos y salimos a ejecutar la estrategia de nuestros entrenadores», resumió con entereza y modestia el corredor Antowain Smith. Lejos quedaban sucesos amargos, como los vividos durante la época de Bill Buckner. Habían sido quince años de ayuno, pero Boston se liberaba del yugo de la derrota.

Tras el éxito de 2002, los Patriotas irrumpieron de nuevo en la última cena en febrero de 2004. Esta vez en el NRG Stadium de Houston ante Carolina Panthers. El equipo de Brady ya no se presentaba como víctima e incluso las casas de apuestas estaban de su lado. Se estaban consolidando como un auténtico equipazo y no defraudaron. Aunque les costó lo suyo.

Tras un show de media parte cuyo gran protagonista fue el pecho derecho de Janet Jackson, el marcador señalaba un 21-16 para los Pats con 8 minutos por jugar. Los de Boston mantenían la posesión del balón y tenían el touchdown definitivo a solo 10 yardas. El anillo estaba muy cerca, pero en ese momento el partido dio un vuelco total.

El lanzamiento de Brady fue interceptado por los Panthers y en el siguiente ataque el equipo norcarolino se adelantó 21-22 en el marcador. Los aficionados bostonianos no daban crédito. En los siguientes ataques, cada equipo anotó touchdown. A falta de menos de dos minutos, el partido estaba empatado a 29. La tensión era máxima. Los Patriots atacarían. Era la hora de Brady. Vuelta al ruedo. Lúcido y tranquilo a pesar del error cometido unos minutos antes, el californiano encadenó jugadas de libro. Demoró 59 segundos en mover la pelota hasta la yarda 23, donde, de nuevo, el verdugo Vinatieri sentenció la contienda con un preciso disparo a falta de cuatro segundos.

New England ganaba su segundo entorchado de la era Belichick-Brady. A partir de ese momento, los aficionados ya no titubeaban al comparar a Brady con Montana. Y para convencer a los incrédulos de que realmente Brady y Joe remaban en la misma arca, llegó la temporada de 2004.

El siguiente tren de los Patriots en la Super Bowl hacía parada en el Alltel Stadium de Jacksonville, Florida, un 6 de febrero de 2005. En esa ocasión el antagonista de la historia eran los Philadelphia Eagles, que contaban con una línea defensiva rapidísima que llegó a poner a los de Belichick contra las cuerdas. O casi. Porque, de nuevo, Tom Brady se envalentonó y contagió al resto de la cuadrilla. Tanto fue así que el MVP no acabó en la estantería de Brady, sino en la de Deion Branch, wide receiver de los Pats, quien hizo méritos para llevarse el trofeo: atrapó 11 pelotas, sumó 133 yardas y, literalmente, enloqueció a los Eagles. Otra demostración de la filosofía Belichick. Tras el 24-21, los Pats levantaban su tercer trofeo nacional.

Tras la Super Bowl XXXIX llegarían tres años de tur-
bulencias. Hasta la temporada de 2007 el equipo no volvió a despegar. Ese año llegaron a otra final nacional, con
el receptor Randy Moss en sus filas, la única superestre-
lla aceptada por Belichick. Los bostonianos ganaron la
AFC sin perder un solo partido. Pero todo cambió el 3 de
febrero de 2008. Los Pats, con Brady y Moss en la vanguar-
dia, se estrellaron contra los New York Giants. Los neoyorquinos habían ideado un plan que consistía en mantener el
ovoide lo máximo posible en su posesión. Y tanto educa-
ron a la bola que parecía que cobraba vida y ejecutaba sus
deseos. David Tyree selló la gesta de gigantes, insuflando
vida a un drive que tenía todas las de perder. No fue, sin
embargo, la única sorpresa que los Giants tenían reservada para los Patriots. En 2012, tras cuatro años seguidos
sin entrar en la Super Bowl, los Patriots volvían a caer
derrotados ante los Giants en un gran baile.

En 2014, su último título quedaba ya a una década de
distancia. Toda una vida. Belichick y Brady resistían en el
frente de batalla y esa temporada volvieron a despegar. El
desierto de Arizona fue testigo del retorno del tándem.
La edición 49 de la Super Bowl enfrentó a los Seattle Seahawks y a los New England Patriots. Fue un partido salvaje. La mayoría de los aficionados jaleaba a los Seahawks
y abucheaba las ofensivas de los de Boston. Se jugaba más
que un partido o que una final. Los Patriots se jugaban su
orgullo, su estilo de juego y su lugar en la posteridad.

Ejecutando pases cortos, los Patriots hundieron lentamente la defensa de los Seahawks. Lo hicieron a través de la West Coast Offense, el sistema ideado por el
entrenador Bill Walsh en los años ochenta, y que había

llevado a lo más alto a los 49ers de Montana. Cuando el electrónico señalaba un 14-24 para Seattle, a Tom Brady se le ocurrió abrocharse la capa de superhéroe al cuello y enhebrar dos touchdowns consecutivos. El primero, con la colaboración del gran Amendola. El segundo, con el sello del brillante y escurridizo Edelman. El quarterback completó ocho pases de otros tantos lanzamientos. 28-24 New England.

Pero el partido no había concluido. Quedaban poco más de cuatro minutos. Russell Wilson encadenó un par de excelentes pases largos para colocarse rápidamente en terreno visitante. A 74 segundos del final, el quarterback de Seattle mandó un balón profundo hacia Kearse. El balón voló y Kearse y su defensor saltaron a por él. El jugador de los Patriots se anticipó y tocó el ovoide, pero no pudo interceptarlo. Ya en el suelo, Kearse se encontró de casualidad con el balón encima y, tras varios intentos, pudo finalmente atraparlo. Increíble. Los escalofríos recorrieron la espina dorsal del estado de Massachusetts entero. Ecos de Arizona, siete años atrás, y del «Helmet Catch» de Tyree. Los Seahawks estaban a escasas yardas de la end zone. Lo tenían todo de cara.

Pete Carroll, entrenador de Seattle, pidió tiempo muerto. La siguiente jugada sería para Marshawn Lynch. El genial running back, apodado «Beast Mode», no falló. Bajó la cabeza, corrió como un poseso y dejó el balón a una yarda de la gloria. Los de Belichick estaban contra las cuerdas.

Pero en ese momento Pete Carroll cometió un error injustificable. Optó por un pase en vez de darle el ovoide de nuevo a Lynch. Russell Wilson buscó a Ricardo Lockette y, en un lance que es historia viva de la liga, Malcom Butler, el dorsal 21 de los Patriots, se adelantó al atacante e interceptó el balón desde dentro de su propia end zone. Los Patriots se salvaban de milagro de una tercera derrota consecutiva en una Super Bowl. El rostro de sorpresa de Brady tras presenciar la jugada desde la banda es también historia de la NFL. Como lo son las imágenes de un Carroll incrédulo mascando chicle compulsivamente. Los de Foxborough conseguían su cuarto —y tan ansiado— laurel. Con cuatro anillos, Tom Brady igualaba a su ídolo Joe Montana.

El 5 de febrero de 2017 los Pats tienen la oportunidad de hacerse con un quinto galardón en la Super Bowl LI. Para conseguirlo deben dejar fuera de juego a los Falcons de Atlanta. Pero la realidad parece otra. Atlanta aprieta hasta estrujarlos. Un touchdown de Tevin Coleman, tras un gran lanzamiento de Matt Ryan, quarterback de los georgianos, pone el marcador 28-3. Pero los Patriots no tiran la toalla y solo tienen un propósito en mente, aunque parezca inalcanzable. Remontar. Empatar. Ganar. Fórmula que tantas otras veces los había llevado al paraíso.

En las postrimerías del tercer cuarto, los Pats juegan un cuarto down. Necesitan hacerse con tres yardas en un solo intento para no devolver la posesión del balón a los de Atlanta. De otra forma, rubricarán su sentencia de muerte. Belichick comienza a urdir jugadas en su cabeza. No le queda otra. La línea de ataque protege a su mariscal. Brady estudia su alrededor y encuentra las manos de Amendola, de nuevo Amendola. Y de donde solo había desolación, de repente brota vida.

Si bien el tiempo juega en su contra, el técnico de Nash-

ville elige jugadas de carrera en lugar de los predecibles
pases cortos, una estrategia que confunde a los Falcons.
Los Pats se acercan a la zona de gol. Finalmente, con un
pase corto de Brady, White anota un touchdown que
da algo de aire a los Patriots. El puente sobre lava por el
que pretenden cruzar al margen seguro vuelve a oscilar
con el fallo de Stephen Gostkowski en el punto adicional.
El balón se estrella contra el poste. Pero los Falcons ya
empiezan a temblar y no aguantan la posesión.
Van Noy tumba a Matt Ryan. Sack. Atlanta pierde
señal. El partido cambia de rumbo. Brady vuelve a tomar
el mando. Han pasado dos minutos del touchdown de
White y abundan los pases cortos. Los Patriots ganan
terreno. Están a 10 yardas de otro touchdown. Los Falcons
embisten por última vez y derriban a Brady. Dos veces.
Los bostonianos se tienen que conformar con una patada.
El marcador vuelve a aumentar para los Pats, pero permanece invariable para los Falcons. 28-12.
  La siguiente posesión le dura poco a Ryan, que sufre
un sack y pierde el balón. Quedan ocho minutos y los de
Belichick se arremangan ya tras la línea enemiga. Vuelven
las sorpresas: Brady envía el balón a un rookie, Mitchell.
Sigue el juego. La brújula de San Mateo entrega la pelota
a Danny Amendola, que anota un touchdown completamente solo. Incomprensible. La defensa de Atlanta está
aturdida, superada. Tras el touchdown, Brady quiere los
dos puntos y los consigue con una carrera de White. Los
Patriots se acercan en el marcador. 28-20. Su esposa, la
modelo brasileña Gisele Bündchen, lo festeja en la grada.
El dueño de la franquicia patriota, Robert Kraft, con su
característica camisa azul de cuello blanco, en total diso-

nancia con su corbata roja, choca los cinco con los invitados al palco de los Pats. Ya huelen la remontada.

Los Falcons ofrecen una última muestra de orgullo: Ryan encuentra a Freeman en la jugada de pase más larga del encuentro, y juntos consiguen un primer down. Poco después, y de forma milagrosa, el fantástico wide receiver Julio Jones atrapa un pase de su quarterback. Los georgianos están en las 25 yardas de los Patriots, pero un fantástico sack de Flowers los aleja 10 yardas más. El drive ya no produce nada para Atlanta. El balón vuelve a Brady. El estado de Georgia entero entra en pánico.

Para que los Pats empaten la contienda deben cubrir 93 yardas y luego transformar los dos puntos. Es el momento de Brady. Y Brady no falla. Encuentra a sus receptores con gran facilidad. Es el dueño. Pero la verdadera genialidad llega con un pase por el centro. Tom tiene la mirada puesta en su amigo Edelman. El cornerback Robert Alford lee perfectamente la jugada, pero no puede hacerse con el balón. Con la yema de los dedos desvía el ovoide, pero Edelman se lanza a la desesperada, a vida o muerte, se anticipa a Neal y a Allen y atrapa el balón entre las piernas de Alford milésimas de segundo antes de que la pelota impacte con el suelo. Es la jugada clave del partido. Un punto de inflexión definitivo. Una jugada para el recuerdo. A los Patriots ya nada los frena.

Es el turno de Amendola. Sus brazos se estiran hasta lo que parece un imposible y recibe en sus manos el lanzamiento del de San Mateo. Y de ahí otro touchdown para White. 28-26 Atlanta. Antes de ganar, hay que empatar. La fórmula en su máxima esplendor. Para conseguirlo, necesitan la conversión de dos puntos. Brady escoge a Amen-

dola y el texano no falla y manda el encuentro a la prórroga. Es un momento histórico. No se ha visto nunca
nada igual. Y todavía no ha acabado.

Los Pats ganan el sorteo y el tiempo añadido arranca
con Brady conectando con White, Amendola y Hogan,
este último ya con sus piernas en las 40 yardas del territorio rival. No hay tregua, ni margen de error. Los pases
arriesgados, los que los Falcons pueden interceptar, son
descartados. Brady conecta a continuación con Edelman
y White para colocarse en la yarda 15 de los Falcons. Los
Patriots están ya muy cerca de la línea de gol.

Brady elige a Bennet, que no puede atrapar. Lo estor-
ban ilegalmente. Infracción de los Falcons. Los Pats ganan
yardas. Están ya a solo dos de la gloria. Una posición perfecta para buscar el touchdown definitivo. Turno para el
running back James White, que recibe el cuero y se va a
por el touchdown. White contra el muro rojo, blanco y
negro. Se produce una colisión a escasos centímetros de
la end zone pero White consigue estirar el cuerpo y tras-
pasar la línea de gol. ¡Touchdown Nueva Inglaterra! Los
Pats han conseguido una remontada estratosférica. Es la
primera vez que un equipo que va ganando por 17 o más
puntos al principio del cuarto cuarto pierde el partido.

Al día siguiente, mientras las calles de Boston vibran
desafiando el gélido clima de febrero, alguien no tiene
tiempo para celebraciones. La temporada 2017 no se prepara sola, y en la cabeza del gurú Belichick solo cabe que
tendrá menos tiempo que el resto de entrenadores para
preparar a su equipo. Tras el desfile por elegantes avenidas
de la capital de Massachusetts, en el balcón del ayunta-
miento, Belichick toma el micrófono y espeta a la multi-

tud que ese equipo es el que más ha trabajado de todos los que ha entrenado. Acto seguido, se pone a gritar uno de sus cánticos de guerra preferidos: «¡No hay días libres! ¡No hay días libres! ¡No hay días libres! ¡No hay días libres!». Tras perder ante los Eagles la Super Bowl de 2017[112], la temporada de 2018 arrancó mal. En la NFL solo se hablaba del nuevo fenómeno de los Chiefs de Kansas City, Patrick Mahomes. Brady fue capaz de derrotar a su antagonista en la temporada regular, pero el conjunto de Kansas City ganó más partidos y los Patriots tuvieron que desplazarse a Kansas City para la final de Campeonato.

Los fuegos artificiales disparados aquella noche están grabados a fuego en la leyenda de la NFL. Belichick diseñó un partido similar al que había preparado como asistente de los Giants en la Super Bowl contra los Buffalo Bills. En la primera mitad, los Patriots dominaron y los Chiefs ni olieron la pelota. Pero Mahomes respondió y se llegó al clímax del último cuarto: un intercambio de golpes que recordó los últimos asaltos entre Ali y Frazier en Manila. El partido acabó en empate a 31. En la prórroga los Patriots ganaron el sorteo y Brady no desaprovechó la oportunidad. Tras sobrevivir a tres situaciones de tercer down y 10 yardas, un acarreo del running back Rex Burkhead dio el pase a los Patriots a la Super Bowl de Atlanta. Los 80.000 espectadores que llenaban el Arrowhead Stadium se quedaron mudos. Brady lo había vuelto a hacer, esta vez contra todo pronóstico.

---

112. Una colosal actuación de Brady no fue suficiente y Philadelphia se llevó el trofeo tras una pobre actuación defensiva de los de Foxborough.

En Atlanta se disputó un duelo tenso y muy táctico hasta que Brady se inventó un pase en el último cuarto que acabó en las manos del extraordinario tight end Rob Gronkowski. La gloria estaba a pocas yardas y el running back Sony Michel certificó la victoria con un sólido acarreo. La sexta Super Bowl de Brady y Belichick era una realidad[113]. Un récord difícilmente inigualable. Aquella poética recepción fue la última de la trayectoria de Gronkowski, que pocos meses después anunció su retirada. Gronk, con tres títulos en su estantería, está considerado uno de los mejores tight end de la historia de este juego[114]. Julian Edelman, que atrapó de todo durante la tarde, ganó esa tarde su primer MVP. Tras el partido, el entrevistador de la NBC le preguntó a Brady por qué seguía en la brecha a pesar de su veteranía. Con el trofeo de la Super Bowl en las manos, Brady no dudó en contestar: «Por seguir viviendo todas estas emociones».

113. En pocos meses la ciudad de Boston festejó otro título mundial, y nuevamente ganando a un equipo de Los Angeles, ya que los Red Sox habían derrotado a los Dodgers en las Series Mundiales de béisbol.
114. En 2020, Gronk anunció su vuelta y su fichaje por Tampa Bay, equipo que había conseguido arrebatar a Brady de Nueva Inglaterra.

CAMPEONES DE LA SUPER BOWL

I	15 DE ENERO, 1967	**GREEN BAY 35** · KANSAS CITY 10
II	14 DE ENERO, 1968	**GREEN BAY 33** · OAKLAND 14
III	12 DE ENERO, 1969	**NEW YORK JETS** 16 · BALTIMORE 7
IV	11 DE ENERO, 1970	**KANSAS CITY** 23 · MINNESOTA 7
V	17 DE ENERO, 1971	**BALTIMORE** 16 · DALLAS 13
VI	16 DE ENERO, 1972	**DALLAS** 24 · MIAMI 3
VII	14 DE ENERO, 1973	**MIAMI** 14 · WASHINGTON 7
VIII	13 DE ENERO, 1974	**MIAMI** 24 · MINNESOTA 7
IX	12 DE ENERO, 1975	**PITTSBURGH** 16 · MINNESOTA 6
X	18 DE ENERO, 1976	**PITTSBURGH** 21 · DALLAS 17
XI	9 DE ENERO, 1977	**OAKLAND** 32 · MINNESOTA 14
XII	15 DE ENERO, 1978	**DALLAS** 27 · DENVER 10
XIII	21 DE ENERO, 1979	**PITTSBURGH** 35 · DALLAS 31
XIV	20 DE ENERO, 1980	**PITTSBURGH** 31 · LOS ANGELES RAMS 19
XV	25 DE ENERO, 1981	**OAKLAND** 27 · PHILADELPHIA 10
XVI	24 DE ENERO, 1982	**SAN FRANCISCO** 26 · CINCINNATI 21
XVII	30 DE ENERO, 1983	**WASHINGTON** 27 · MIAMI 17
XVIII	22 DE ENERO, 1984	**LOS ANGELES RAIDERS** 38 · WASHINGTON 9
XIX	20 DE ENERO, 1985	**SAN FRANCISCO** 38 · MIAMI 16
XX	26 DE ENERO, 1986	**CHICAGO** 46 · NEW ENGLAND 10
XXI	25 DE ENERO, 1987	**NEW YORK GIANTS** 39 · DENVER 20
XXII	31 DE ENERO, 1988	**WASHINGTON** 42 · DENVER 10
XXIII	22 DE ENERO, 1989	**SAN FRANCISCO** 20 · CINCINNATI 16
XXIV	28 DE ENERO, 1990	**SAN FRANCISCO** 55 · DENVER 10
XXV	27 DE ENERO, 1991	**NEW YORK GIANTS** 20 · BUFFALO 19
XXVI	26 DE ENERO, 1992	**WASHINGTON** 37 · BUFFALO 24
XXVII	31 DE ENERO, 1993	**DALLAS** 52 · BUFFALO 17

XXVIII	30 DE ENERO, 1994	**DALLAS** 30 · BUFFALO 13
XXIX	29 DE ENERO, 1995	**SAN FRANCISCO** 49 · SAN DIEGO 26
XXX	28 DE ENERO, 1996	**DALLAS** 27 · PITTSBURGH 17
XXXI	26 DE ENERO, 1997	**GREEN BAY** 35 · NEW ENGLAND 21
XXXII	25 DE ENERO, 1998	**DENVER** 31 · GREEN BAY 24
XXXIII	31 DE ENERO, 1999	**DENVER** 34 · ATLANTA 19
XXXIV	30 DE ENERO, 2000	**ST. LOUIS** 23 · TENNESSEE 16
XXXV	28 DE ENERO, 2001	**BALTIMORE** 34 · NEW YORK GIANTS 7
XXXVI	3 DE FEBRERO, 2002	**NEW ENGLAND** 20 · ST. LOUIS 17
XXXVII	26 DE ENERO, 2003	**TAMPA BAY** 48 · OAKLAND 21
XXXVIII	1 DE FEBRERO, 2004	**NEW ENGLAND** 32 · CAROLINA 29
XXXIX	6 DE FEBRERO, 2005	**NEW ENGLAND** 24 · PHILADELPHIA 21
XL	5 DE FEBRERO, 2006	**PITTSBURGH** 21 · SEATTLE 10
XLI	4 DE FEBRERO, 2007	**INDIANAPOLIS** 29 · CHICAGO 17
XLII	3 DE FEBRERO, 2008	**NEW YORK GIANTS** 17 · NEW ENGLAND 14
XLIII	1 DE FEBRERO, 2009	**PITTSBURGH** 27 · ARIZONA 23
XLIV	7 DE FEBRERO, 2010	**NEW ORLEANS** 31 · INDIANAPOLIS 17
XLV	6 DE FEBRERO, 2011	**GREEN BAY** 31 · PITTSBURGH 25
XLVI	5 DE FEBRERO, 2012	**NEW YORK GIANTS** 21 · NEW ENGLAND 17
XLVII	3 DE FEBRERO, 2013	**BALTIMORE** 34 · SAN FRANCISCO 31
XLVIII	2 DE FEBRERO, 2014	**SEATTLE** 43 · DENVER 8
XLIX	1 DE FEBRERO, 2015	**NEW ENGLAND** 28 · SEATTLE 24
L	7 DE FEBRERO, 2016	**DENVER** 24 · CAROLINA 10
LI	5 DE FEBRERO, 2017	**NEW ENGLAND** 34 · ATLANTA 28
LII	4 DE FEBRERO, 2018	**PHILADELPHIA** 41 · NEW ENGLAND 33
LIII	3 DE FEBRERO, 2019	**NEW ENGLAND** 13 · LOS ANGELES RAMS 3
LIV	2 DE FEBRERO, 2020	**KANSAS CITY** 31 · SAN FRANCISCO 20

AGRADECIMIENTOS

A los lectores, por vuestra confianza. Espero que hayáis disfrutado.

A mi mamá, Joice, y a mi papá, Milo, por la valiosa ayuda y por haberme permitido descubrir el mágico mundo del fútbol americano durante múltiples y entrañables viajes a lo largo y ancho de los Estados Unidos.

A Adri, por haberme apoyado incondicionalmente desde el principio y ser mi espléndida e inmejorable compañera de vida.

A Eduard, por haber creído en este ambicioso proyecto y haber encauzado mis ideas mezclándolas con toda su sabiduría.

A Sergi, por haberme ofrecido una magnífica oportunidad, clave en el desarrollo de estas páginas.

A mi tío Stefano y a todos los que han puesto su imprescindible granito de arena antes y durante el largo periodo de gestación de la obra.

Habéis sido fuente de inspiración para perseguir este sueño.